O HOMEM

DA CAVERNA À VIDA ETERNA

A maior aventura de todos os tempos,
vista sob um ângulo novo e revolucionário

Mário Frigéri

O HOMEM DA CAVERNA À VIDA ETERNA

A maior aventura de todos os tempos,
vista sob um ângulo novo e revolucionário

ELEVAÇÃO

Produção editorial: *Equipe Elevação*
Revisão: *Equipe Elevação*
Impressão: *Mundial Gráfica*
Foto do autor: *Rogério Frigéri*
Capa e projeto gráfico: *Helen Winkler*

Depósito legal na Biblioteca Nacional conforme Decreto nº 1.825, de 20 de dezembro de 1907.

Dados Internacionais de Catalogação na Publicação (CIP)
(Câmara Brasileira do Livro, SP, Brasil)

F949h Frigéri, Mário.
O Homem – da caverna à Vida Eterna. A maior aventura de todos os tempos, vista sob um ângulo novo e revolucionário / Mário Frigéri — São Paulo : Elevação, 2019.
320p. : 14 x 21 cm

ISBN 978-85-7513-244-9

1. Espiritismo. 2. Espírito. 3. Criação do Universo. 4. Origem espiritual. 5. Reencarnação. I. Título.

CDD-133-9

Índices para catálogo sistemático:

1. Espiritismo 133.9

Av. Marquês de São Vicente, 446, cj. 1.713
CEP 01139-000 — São Paulo/SP — Brasil
Tel.: (11) 5505-2579

A mão de Deus colocou muitos segredos no Universo, mas nenhum que o amor, o trabalho e o desejo sincero de repartir não possam revelar.

Dedicatória

Dedico este livro às pessoas corajosas que reduziram ao caos o conteúdo de suas mentes, dissolvendo preconceitos e paradigmas ancestrais, e com a matéria-prima desse caos estão construindo em si mesmas um ser humano novo, uma consciência crística, um espírito cósmico – ***um cidadão universal.***

Decálogo do Escritor

I

Não terás outros deuses diante de ti, exceto o leitor.

II

Esculpirás tuas frases com o escopro de Michelangelo, até transformá-las no invólucro perfeito do teu pensamento.

III

Exporás as ideias com equilíbrio, sem a pretensão de impô-las, e fundamentarás a matéria para que o leitor avance com segurança.

IV

Falarás sobre pessoas e acontecimentos com elegância e dignidade.

V

Não transmitirás crenças, mas conhecimento, nem promoverás ídolos, mas discernimento.

VI

Conduzirás o leitor com gentileza, para que ele feche o livro com proveito.

VII

Não te considerarás escritor providencial, mas deixarás que tuas obras falem por ti.

VIII

Perdoarás setenta vezes sete o revisor, que fatalmente irá cravar algumas vírgulas no teu texto.

IX

Não cobiçarás a musa do próximo, nem o estilo do próximo, nem o livro do próximo, nem o editor do próximo, nem a clientela do próximo, nem a fila de autógrafos do próximo.

X

Seis livros lançarás e no sétimo descansarás, preparando-te para uma nova sementeira.

(Texto elaborado sobre o esquema estabelecido por Moisés no Decálogo.)

Eu Sou um Ser Imortal

A Augusto dos Anjos

De onde eu venho? Venho do Infinito,
Do Todo Universal, da Criação,
E fui lançado por Deus na Amplidão,
Tal como a flecha, para um alvo estrito.

Peregrinei, seguindo o eterno rito,
De reino em reino e, pela transição,
De um reino a outro, até poder então
Conscientizar-me e proferir meu grito.

Fui revestido, assim, de um corpo etéreo:
Ser racional e livre, o meu afã
Era ascender pelo plano sidéreo.

Errei. Caí. Mas no bem hoje insisto.
Quero remir-me, para que amanhã
Eu seja um anjo, um querubim, um Cristo.

Poema transcrito de meu livro *O esplendor das bem-aventuranças*, Mundo Maior Editora, 2016.

Sumário

Nota preliminar

"É preciso olhar o mundo com os olhos do Cristo e procurar compreender os seus mistérios à luz desse novo olhar."

O objetivo desta obra é acompanhar a trajetória do espírito, desde o ponto mais remoto em que ele possa ser visto em sua origem, antes mesmo de ser essência espiritual, até o momento em que a sua figura, já perfeita, desapareça ao nosso olhar no horizonte do Infinito.

É estudar também como se deu a origem do homem neste mundo, até a redução de seu corpo, no futuro, a corpo espiritual ou perispírito, momento em que esta casa planetária terá alcançado o estágio de mundo celeste ou divino.

De par com esses dois objetivos, serão estudados, como pano de fundo, a criação do nosso Universo, do Sistema Solar e do planeta Terra; as fases pelas quais passa cada planeta; o aparecimento dos primeiros seres vivos e sua evolução por todos os reinos da Natureza; o progresso físico e espiritual dos animais; a transição do princípio espiritual, que anima os animais, para o de espírito formado compatível com a encarnação no reino humano; a origem do perispírito; a chamada queda do homem; a evolução dos hominídeos e o surgimento da raça adâmica, ou seja, os supostos descendentes de Adão e Eva.

Algumas afirmações deste livro poderão causar estranheza num primeiro momento, mas todas têm suas raízes fincadas nas deduções da ciência, nas revelações dos profetas e no estudo aprofundado da Doutrina Espírita e filosofias correlatas.

***

Os capítulos desta obra estão divididos em três partes cada um: na primeira, é exposto o pensamento dos autores selecionados; na segunda, é feito um comentário interpretativo e opinativo da exposição apresentada; e, na terceira, há um quadro de destaques do capítulo, que pode ser saltado, se parecer repetitivo.

Tive por meta neste estudo apresentar duplamente a grande aventura do espírito e do homem sob uma perspectiva cósmica, para proporcionar momentos de meditação e enriquecimento espiritual aos interessados na matéria. E o fiz colocando em mesmo nível tanto o enfoque científico quanto o filosófico e o religioso, mas valorizando acima de tudo fatos e evidências, e não somente argumentos e abordagens teóricas, a fim de que Ciência e Espiritualidade recebessem o mesmo peso no contexto dessa realidade mais profunda que permeia o tema. Durante a elaboração desta pesquisa, mantive ante os olhos estas sábias palavras de Richard Brennan: "As teorias devem emergir de atos verificáveis e explicar as coisas como são, *não como gostaríamos que fossem.* [...] A investigação dos mistérios da natureza exige um pensamento disciplinado, sistemático, rigoroso – cujos resultados devem ser explicáveis em teoria, *submetidos ao exame crítico dos pares* e validado por experimento passível de reprodução. Quando se faz isso, está-se fazendo ciência".[1] Tudo isso numa linguagem fácil e direta, para que o leitor compreenda no ato o que lhe é dito e continue comprometido com o texto, virando as páginas até o fim. E depois tire suas próprias conclusões.

---

[1] BRENNAN, Richard. *Gigantes da física,* Zahar, edição revista 2000, "Epílogo – O porquê da física", p. 267/8.

Nota: 1. os termos Universo, Espírito, Vida, Lei, Criação, Crosta, Ciência, Humanidade e Natureza são grafados com inicial maiúscula ou minúscula de acordo com os autores citados ou a exigência do contexto; 2. os termos germe/gérmen são grafados respeitando-se a preferência dos autores; 3. alguns parágrafos transcritos, por serem longos, foram subdivididos, e as palavras menos conhecidas explicadas entre parênteses e colchetes, visando à sua compreensão imediata por todos; 4. no corpo da matéria são citados capítulos, e não páginas, quando a obra mencionada tem várias edições ou é publicada por várias editoras; 5. informações condensadas da Internet foram cotejadas com outras fontes, para confirmar sua credibilidade; 6. quando se lê "nossa Doutrina", o autor está se referindo à Doutrina Espírita; 7. as citações bíblicas, exceto as ressalvadas, são da Bíblia Sagrada com reflexões de Lutero, Almeida revista e atualizada, Sociedade Bíblica do Brasil, 2012; 8. a repetição dos argumentos principais é intencional, para fixar na mente a sua importância dentro do processo evolutivo; 9. esta obra, pela profundidade e amplitude dos temas que aborda, irá certamente suscitar questões que não foram abrangidas pela exposição e interpretação, as quais, porém, poderão ser analisadas e respondidas por *e-mail,* caso o leitor se digne de submetê-las ao autor (mariofrigeri@uol.com.br); 10. todos os itálicos deste livro são do autor, exceto os ressalvados.

Prefácio

"Aristóteles dizia que era amigo de Platão, porém mais amigo da verdade. Dois mil e trezentos anos depois, ele continua quase solitário em sua posição."

Estudei e refleti maduramente o conteúdo de livros fundamentais do pensamento espírita e espiritualista de nosso tempo que têm afinidade com os argumentos desta obra, bem como as formulações mais atualizadas da área científica. Resolvi, em seguida, harmonizar esses ensinamentos e caldeá-los ao fogo brando de um raciocínio lúcido, elaborando este estudo para oferecer aos leitores uma espécie de roteiro de como poderá ter se desenrolado esse panorama universal fantástico – constituído de matéria, energia, princípio psíquico e espírito –, prelúdio de um extraordinário amanhã.

Não expus teoria nova ou pessoal. Apenas transcrevi, ordenei e interpretei os ensinamentos das grandes obras citadas, a cujos autores e mentores dedico o mais profundo respeito, acrescidos, esses ensinamentos, de reflexões nascidas de minhas meditações, estudos pessoais e experiência espiritual. Apenas o ângulo desta visão é que pode ser considerado novo.

Bem sei que o objetivo é audacioso e não nutro a pretensão de haver exaurido o tema. Pesquisei as fontes mais legítimas e para mim foi questão de honra ser fiel ao pensamento de cada uma. Muitas vezes foi possível encontrar na mesma fonte argumentos hábeis para sustentar teses contrárias. Isto significa, a meu ver, que a busca da verdade será sempre uma questão aberta, e partes dela podem ser encontradas em obras já publicadas.

É o que está registrado na questão 628 de *O livro dos espíritos,* onde se lê que: 1. a verdade é como a luz: é preciso habituar-se a ela pouco a pouco, senão ela ofusca; 2. os homens que, na antiguidade, se acreditavam possuidores de uma ciência sagrada, recebiam apenas *algumas verdades esparsas, dentro de um conjunto equívoco e quase sempre simbólico;* 3. mas, para o estudioso atual, esses textos antigos são riquíssimos e encerram princípios de grandes verdades, os quais podem ser coordenados, *graças à chave para essa compreensão proporcionada hoje pelo Espiritismo.*

Mas para subir tanto, temos que partir do conhecimento terreno sobre o tema, decodificar a Codificação Espírita e penetrar nesse precioso acervo, harmonizando-o com as mais elevadas conquistas do pensamento atual no campo da pesquisa científica e da sabedoria espiritual e universal. André Luiz (Espírito) reforça essa diretriz ao afirmar que "Estamos defrontados no Espiritismo por uma tarefa urgente: *desentranhar o pensamento vivo de Allan Kardec dos princípios que lhe constituem a codificação doutrinária,* tanto quanto ele, Kardec, buscou desentranhar o pensamento vivo do Cristo dos ensinamentos contidos no Evangelho".[1] Este livro, portanto, não contém revelações espirituais explícitas. As ferramentas sobre as quais estão estabelecidos os fundamentos desta pesquisa são o raciocínio humano mais elevado iluminado pela fé mais robusta.

Merece repúdio de toda pessoa consciente as afirmações absolutas e o princípio do *crê ou morre* estabelecido no período de trevas da Humanidade. Até Allan Kardec (1804-1869), um dos pensadores mais afiados e lógicos do século XIX e a maior referência em Espiritismo, deixava a critério do leitor o julgamento de algumas teses e argumentos que apresentou em seus livros, sem considerá-los definitivos até comprovação posterior.[2] Assim age o pensador criterioso e honesto.

Os livros consagrados da ciência, das filosofias e das religiões devem ser repensados a todo tempo para não se tornarem túmulos da sabedoria e da revelação. Quem se considera discípulo de um grande mestre não deve satisfazer-se com a repetição literal de suas ideias. Todo mestre digno desse nome lança seus pensamentos no mundo como bólides no tempo e orgulha-se de vê-los compreendidos e retrabalhados por seus continuadores. Sabe que essa percepção de que tudo é aperfeiçoável através das eras demonstra grandeza de alma e desapego de uma verdade relativa de que não se é dono, mas apenas seu eventual revelador. O

---

1 EMMANUEL/LUIZ, André. *Estude e viva,* 14. ed. Brasília: FEB, cap. "Estude e viva".

2 KARDEC, Allan. *A gênese,* 45. ed. Brasília: FEB, 2004, "Introdução".

verdadeiro mestre trabalha para se tornar supérfluo, e faz mestres, e não discípulos. É o que diz Jesus em João, 14:12, quando afirma que seus seguidores poderiam realizar obras maiores do que as que Ele fez.

Eu procuro absorver a luz de todos os grandes pensadores e realizadores da Humanidade, por cujas obras transito sem preconceitos de qualquer espécie, mas não encontrei em nenhum deles um sequer que fosse completo e acabado no que fez ou ensinou. A par de concepções genuinamente válidas, muitas de suas solenes afirmações não têm correspondência no reino celestial. Sabendo que toda afirmação é relativa, aproveitei o que neles havia de bom e ignorei o que havia de ultrapassado.

Só Jesus é irretocável, incomparável e insubstituível, porque já era *um com o Pai* desde a formação deste planeta e, em sua sabedoria imensa, ensinou por meio de parábolas e profecias. Na concepção do divino Mestre, parábolas e profecias são sementes da realidade ou cápsulas de revelações vinculadas ao tempo, que, sem datar seus enunciados, vão liberando progressivamente o conteúdo que as ilumina à proporção que a Humanidade amadurece em espírito e amplia seus cabedais. Agindo assim, proporcionou crescimento aos seguidores futuros, pela oportunidade que lhes deu de saciarem a sede nesses ensinos e contribuírem com seu labor em benefício de si e do gênero humano. Ele é o nosso farol e guia nesta pesquisa.

Todos nós trazemos nos arquivos da memória a matriz de certas verdades que assimilamos das Grandes Almas nos planos espirituais por onde transitamos no decorrer dos tempos. Como eu tinha, desde a juventude, uma dessas matrizes na mente e encontrei na Terra elementos doutrinários que com ela se harmonizassem, procurei vesti-la com o que havia de melhor nesses argumentos. Assim, submeti lealmente à análise da razão o resultado da pesquisa que apresento neste livro e achei esse resultado substancioso e consistente a ponto de resolver elevá-lo, agora, à apreciação de meus irmãos em humanidade. Mas tenho humildade bastante para reformá-lo, se a tanto for convencido pelas reflexões e contribuições fraternas de meus contemporâneos.

Já foi sugerido que a Verdade plena, fonte original de todas as verdades particulares, é um espelho que se estilhaçou no caminho e cada ser humano apanhou um desses fragmentos, fazendo dele a sua luz particular, a sua religião ou a sua filosofia.

Pergunte-se a um muçulmano, a um hindu ou a um cristão o que é a verdade, e cada um deles dará a sua versão particular, de acordo com o livro sagrado de sua crença. Nenhum deles estará totalmente certo ou totalmente equivocado, porque religiões e filosofias são apenas facetas da grande Verdade. E por serem fontes parciais da luz deixaremos de desfrutar o que o Alcorão, o Bhagavad-Gita e a Bíblia têm de genuinamente elevado? Seria contraproducente e ingênuo. Onde está a obra perfeita que possa tornar todas as outras obsoletas?

Não há concepções originais no mundo (ou, como proclama o pregador bíblico, *nada há novo sob o Sol*) e todos aqueles que trouxeram algum benefício à Humanidade partiram de suposições estabelecidas por seus antecessores. Galileu Galilei (1564-1642) e Isaac Newton (1643-1727) não foram destronados por Max Planck (1858-1947), Niels Bohr (1885-1962) e Albert Einstein (1879-1955), quando estes apresentaram uma nova mecânica e uma nova teoria dos fenômenos que envolvem velocidades próximas à da luz. O próprio Newton declarou, em 1676, que, se enxergou mais longe que outros homens, foi porque se ergueu sobre ombros de gigantes, referindo-se, naturalmente, a seus precursores Nicolau Copérnico (1473-1543), Johannes Kepler (1571-1630) e Galileu.[3] Einstein também teve os seus "gigantes" a quem agradecer. Em 1921, numa conferência que proferiu em Londres, declarou que a relatividade era o resultado direto e, em certo sentido, a culminação natural do trabalho de Michael Faraday (1791-1867), James Maxwell (1831-1879) e Hendrik Lorentz (1853-1928).[4]

O nobre Codificador (Allan Kardec) – cujos conceitos seminais deixaram matéria para ocupar os pensadores lúcidos por vários séculos – era detentor de um poderoso senso prático, judicioso e científico. Sopesando com sabedoria os gradientes de sua época e do futuro, disse, legando-nos este conceito lapidar, que o Espiritismo caminharia de par com o progresso, e que, se novas descobertas lhe demonstras-

---

[3] BRENNAN, Richard. *Gigantes da física,* ed. revista. Rio de Janeiro: Zahar, 2008, Introdução, "Sobre os ombros de gigantes".

[4] Idem, ibidem, cap. dois, item "Na faculdade".

sem estar em erro acerca de um ponto, ele se modificaria nesse ponto, e se uma verdade nova se revelasse, ele a aceitaria.[5] Ou seja, a Obra de sua vida não está imobilizada em livros: é progressiva, porosa, absorvente, expansiva e aberta a modificações e acréscimos quando comprovadamente estabelecidos em seu nível.

Em seu nível laboraram e laboram nessa iluminada Doutrina, desde o século XX aos dias presentes, elevados Missionários do progresso humano, como Alziro Zarur, Paiva Netto, Pietro Ubaldi, Chico Xavier e Divaldo Franco, para citar só os mais proeminentes, que com sua palavra poderosa, suas elevadas visões e seus escritos luminíferos amplificaram excelentemente a compreensão dos conceitos expendidos nesse *corpus* Doutrinário que pertence, acima de tudo, ao Cristo. É luz que resplandeceu nas trevas da consciência humana para iluminar o passado, o presente e o porvir da Humanidade. Além disso, sobredourando a Doutrina, como névoa de ouro gaseificado, está a inspiração permanente do Espírito Verdade, transmitindo segurança aos que buscam esclarecimento espiritual nessa sublimada fonte.

Como visto, o admirável conceito de Kardec é revolucionário e nasceu de um dos intelectos mais poderosos que já viveram na Terra, sob cuja pena, inspirada pelas Entidades Superiores que orientam a evolução da Humanidade,

[5] KARDEC, Allan. *A gênese,* 45. ed. Brasília: FEB, 2004, cap. I, "Caráter da revelação espírita", item 55.

a doutrina do Consolador infinitizou-se no mundo. Deve, portanto, esse conceito, inspirar a todos nós neste alvorecer de terceiro milênio, que o tomamos como base e paradigma de nossas reflexões.

Louvando-me nos exemplos de Newton, Einstein e Kardec, tratei de visibilizar a visão que trazia em minha mente e dar-lhe consistência – retrabalhando com profundo respeito o que encontrei no mundo correlacionado com ela –, e em seguida expor os argumentos ordenados nestas páginas, visto que o homem inteligente tem o direito e o dever de interpretar por si mesmo o que lhe é posto diante dos olhos, sem terceirizar, por nenhuma forma, seu entendimento espiritual das coisas. Mas confesso que o faço sob o peso de uma certa apreensão, não por duvidar do resultado de meus estudos, mas por entender que ele não se alinha em alguns aspectos com o que é ensinado hoje por algumas religiões e filosofias e até por certas ramificações da ciência.

Sinto-me, assim, *mutatis mutandis*, como a física nuclear austríaca Lise Meitner (1878-1968). Quando Lise era criança, sua avó a alertou de que não deveria costurar no sábado – o *Shabat* judaico – senão os céus poderiam vir abaixo. A menina resolveu fazer uma experiência: mexeu levemente em sua agulha de bordar e olhou para cima. Nada aconteceu. Depois, deu um ponto com a agulha, esperou, olhou novamente para cima. Nada aconteceu de novo. Por fim, concluiu que sua avó estava enganada e voltou a costurar alegremente.

Mas divirjo da nobre física num ponto: não creio que meus conterrâneos estejam totalmente equivocados. Só lamento que *desfrutem de menos quando poderiam desfrutar de mais,* se amplificassem sua visão, superassem o espírito de seita infiltrado em alguns agrupamentos e promovessem mais encontros, estudos e diálogos, tudo regado a muita confraternização, abraços e sorrisos cordiais. Como confio no discernimento da maioria, fui até o fim, escudando-me na assertiva do filósofo da ciência Karl Popper (1902-1994): "Aqueles entre nós que não estão dispostos a expor suas ideias ao risco da refutação não participam do jogo científico". Mas, por precaução, talvez maior que a de Lise, a cada dez páginas escritas eu ia até a janela e dava uma olhadinha para o céu...

Cronologia - anos a.C.[1]

13,7 bilhões

Formação do Universo que conhecemos – Surgem matéria e energia – Nasce a física – Aparecem átomos e moléculas – Nasce a química.

4,7 bilhões

Formação do Sol – Formação da Terra e dos outros planetas que compõem o Sistema Solar.

3,8 bilhões a 2,5 bilhões

A Terra é constantemente atingida por meteoritos – Milhares de vulcões estão em atividade – Aparecem os primeiros organismos unicelulares – Nasce a biologia.

2,5 bilhões a 540 milhões

Formação da camada de ozônio – Surgimento de formas de vida mais complexas (organismos multicelulares) – Formação dos continentes.

[1] Cronologia composta com subsídios da obra *Sapiens – Uma breve história da humanidade*, Yuval Noah Harari, LPM, p. 7/8.

540 milhões a 250 milhões

Surgem nos mares os primeiros animais vertebrados e os anfíbios – Os continentes estão unidos formando a Pangeia – Alastramento planetário das primeiras espécies de plantas primitivas – Surgimento dos répteis que deram origem aos dinossauros – Surgimento dos insetos.

250 milhões a 65,5 milhões

Os dinossauros dominam o planeta – Surgimento dos animais mamíferos – Desenvolvimento de flores pelas plantas.

65,5 milhões a 6 milhões

Formação de cadeias montanhosas – Extinção dos dinossauros – A Pangeia fragmenta-se – Deriva dos continentes – A porção terrestre assume a configuração atual.

6 milhões a 200 mil

Surgimento dos primeiros hominídeos (homens primitivos) – Evolução do gênero *Homo* na África e em outros continentes: *habilis, rudolfensis, erectus...* – Primeira ferramenta de pedra – Humanos espalham-se da África para a Eurásia – Surgem os neandertais na Europa e no Oriente Médio – Uso cotidiano do fogo – Surge o *Homo sapiens*, contemporâneo dos neandertais, na África Oriental.

200 mil a 13 mil

Surge a linguagem ficcional ou simulada – Começa a história – Revolução do conhecimento – Os *sapiens* se espalham a partir da África – Extinção dos neandertais – Os *sapiens* povoam a América – Extinção do *Homo floresiensis* – O *Homo sapiens* é a única espécie humana sobrevivente.

13 mil a 1800 d.C.

Revolução agrícola – Domesticação de plantas e animais – Assentamentos permanentes – Primeiros impérios (Acádio, Persa, Han, Romano) – Invenção da moeda, um dinheiro universal – Religiões politeístas – Budismo – Cristianismo – Islamismo – Revolução científica – Ascensão do capitalismo – Revolução industrial.

Presente

Revolução tecnológica – O mundo se transforma numa aldeia global – Os *sapiens* ultrapassam os limites do planeta – As nações se tornam poderosas – O homem se deslumbra com o desenvolvimento científico – As armas nucleares ameaçam a sobrevivência da espécie humana.

Futuro

Eclosão da pior crise planetária: Armagedon – A guerra é varrida para sempre da face do planeta – Espadas são transformadas em relhas de arado e lanças em podadeiras – Os sobreviventes iniciam a Era da Regeneração – O Evangelho passa a reger a Humanidade – É estabelecida na Terra a base de uma Super-Humanidade pacífica e justa – Tem início um Novo Reino, evangelizado, próspero e feliz, que nunca mais terá fim.[2]

---

[2] Para conhecer o futuro do Brasil e do mundo, com embasamento sério nas profecias, na história e na Doutrina Espírita, sugiro a leitura de meu livro *Brasil de amanhã*, publicado pela Mundo Maior Editora.

Definições especiais

Mal-entendidos são sempre lamentáveis em qualquer obra que procure valorizar a clareza. Por isso, para evitar interpretações contraditórias e conduzir o leitor diretamente ao olho da questão, resolvi destacar o sentido de alguns termos e expressões empregados neste livro, bem como relembrar outros estabelecidos pela nossa Doutrina, mas que possam estar esquecidos ou ser desconhecidos do leitor:

1. **Essência** ou **princípio espiritual**: é a psique ainda em estado primário, em fase de desenvolvimento do instinto, a qual gera em torno de si, por atração magnética, um corpo material durante sua transição pelos reinos inferiores.

2. **Envoltório fluídico**: é o corpo etéreo simples (espécie de embrião do perispírito) que reveste o princípio espiritual em sua evolução pelo reino animal inferior, o qual precede o reino humano. (Explico nos Comentários ao Capítulo VII onde encontrei essa expressão.)

3. **Espírito**: é o ser imortal, sucessor do princípio espiritual, num estágio superior de evolução, o qual já desfruta de raciocínio, razão, intuição e inspiração.

4. **Perispírito**: é o requintado corpo espiritual que reveste o espírito, tanto do ser humanizável quanto do humanizado, permitindo-lhe o exercício de faculdades intelectuais.

5. **Espírito humanizável**: é o espírito já revestido de perispírito, em evolução no plano espiritual, antes de atingir a perfeição.

6. **Espírito humanizado**: é o espírito encarnado, revestido de perispírito e de corpo físico, ou seja, o homem.

7. **Alma**: é o ser duplo – constituído de espírito e perispírito.

8. **Homem**: é o ser triplo – constituído de espírito, perispírito e corpo físico.

CAPÍTULO I

Formação do Cosmos

Ciência

Os cientistas usam o termo "Grande Explosão" (*Big Bang*) para se referir à ideia de que o Universo era originalmente denso e extremamente quente no início e que estaria concentrado em algum lugar do Infinito. A partir da explosão, começou a expandir-se em altíssima velocidade.

Estaria constituído, nesse ponto, apenas por partículas subatômicas – quarks, elétrons, neutrinos e outras – e essas partículas, com a explosão e a expansão, deram origem aos átomos mais leves que estão entre os principais elementos químicos do Universo. Isto teria acontecido entre 15 e 13 bilhões de anos.

Com a difusão veio o resfriamento e os elementos químicos começaram a se unir, dando origem às galáxias que, segundo a cosmologia (ciência que estuda o Universo), se encontram atualmente em constante afastamento umas das outras.

Essa teoria – aceita pela maioria dos cientistas, mas contestada por outros – se apoia, em parte, na teoria da relatividade de Albert Einstein e em estudos de astrônomos como Edwin Hubble (1889-1953) e Milton Humason (1891-1972).

O Universo se expandirá para sempre? Depende da quantidade de matéria existente nele, diz a teoria de Einstein. Se não houver matéria suficiente, a força da gravidade não conseguirá reduzir o movimento centrífugo (do centro para a periferia) e a difusão será perpétua. Se houver matéria suficiente, segundo a teoria da "Grande Contração", também conhecida com teoria do "Grande Colapso" (*Big Crunch*), o Universo voltará a se contrair após o período de expansão. Teorizam alguns cientistas que há um ciclo de expansão e contração do espaço, gerando, em consequência, uma série de universos, dos quais o nosso teria sido o mais recente.[1]

Allan Kardec (Codificador do Espiritismo)

[Kardec pergunta e as Entidades espirituais respondem.]

37. O Universo foi criado, ou existe de toda eternidade, como Deus?

"Sem dúvida o Universo não pôde fazer-se a si mesmo; e se existisse, como Deus, de toda a eternidade, não poderia ser obra de Deus."

Comentário de Kardec: A razão nos diz não ser possível que o Universo se tenha feito a si mesmo e que, não podendo ser obra do acaso, deve ser obra de Deus.

38. Como Deus criou o Universo?

"Para me servir de uma expressão comum: por sua Vontade. Nada representa melhor essa vontade todo-poderosa

---

1 WIKIPEDIA (Internet), "Big Bang", texto condensado, acesso em maio/2017.

do que estas belas palavras da *Gênese:* Deus disse: Faça-se luz e a luz foi feita."

39. Podemos conhecer o modo de formação dos mundos?

"Tudo o que se pode dizer e podeis compreender é que os mundos se formam *pela condensação da matéria disseminada no espaço.*"

41. Pode um mundo completamente formado desaparecer e a matéria que o compõe disseminar-se de novo no espaço?

"Sim, Deus renova os mundos, como renova os seres vivos."[2]

Sua Voz – Mentor espiritual do filósofo italiano Pietro Ubaldi (1886-1972)

O vosso universo está indo, visivelmente, de um estado de caos, *que é a fase de tensão da primeira explosão dinâmica,* para um estado final de ordem, isto é, de equilíbrio e de coordenação de forças. Aquele é a fase de preparação e este o ambiente em que nasceu a vida.[3]

Compreendereis, todavia, que qualquer movimento, *se conduzido constantemente numa só direção,* deslocaria todo o universo, sobrecarregando-o (em sentido lato,

---

[2] KARDEC, Allan. *O livro dos espíritos,* 1. ed. Rio de Janeiro: FEB, 2006, questões 37, 38, 39 e 41.

[3] UBALDI, Pietro. *A grande síntese,* 9. ed. São Paulo: Lake, cap. LI, "Conceito substancial dos fenômenos biológicos".

não exclusivamente espacial) de um lado com acumulamentos e, de outro, produzindo vácuos, proporcionados e definitivos. É necessário, pois, para que se mantenha o equilíbrio, *que a grande ondulação de ida seja compensada por outra equivalente, de retorno*. Isto é também lógico e efetua-se em virtude de uma lei de complementaridade, pela qual cada unidade é a metade de uma unidade mais completa. *O movimento que existe no universo não é nunca um deslocamento unilateral, efetivo e definitivo, mas a metade de um ciclo que volta ao ponto de partida,* depois de percorrido um determinado curso; *uma vibração de ida e de volta,* completada na sua contraparte inversa e complementar.[4]

De todas as partes do universo as correntes trazem sempre nova energia; o movimento torna-se sempre mais intenso, o vórtice [redemoinho] fecha-se em si mesmo, o turbilhão fica sendo um verdadeiro núcleo de atração dinâmica. *Quando ele não pode sustentar no seu âmbito todo o ímpeto da energia acumulada, aparece um momento de máxima saturação dinâmica, um momento crítico em que a velocidade fica sendo massa,* estabiliza-se nos infinitos sistemas planetários íntimos, de que nascerá o núcleo, depois o átomo, a molécula, o cristal, o mineral, os amontoados solares, planetários e siderais. Da tempestade imensa nasceu a matéria. Deus criou.[5]

---

4 Idem, ibidem, cap. VIII, "A lei".

5 Idem, ibidem, cap. XIV, "Do éter aos corpos radioativos".

Quando a matéria, quimicamente envelhecida, resfriada e solidificada atinge a periferia do vórtice sideral, desagrega-se pela radioatividade, transformando-se em energia. Então, *a substância perde a sua dimensão espacial e volta ao centro como corrente dinâmica e como dimensão temporal.* Na periferia a matéria não é mais matéria, mas é energia; e, como a substância há mudado de forma, *deslocando seu ser de uma fase para outra,* assim muda a sua dimensão, que não é mais espaço mas é tempo.[6]

Existe, pois, o movimento inverso pelo qual a matéria se desmaterializa, se desagrega e se expande sob a forma de energia, que é vontade, movimento, manifestação e que, *através das experiências de vidas infinitas, reconstrói a consciência ou o espírito.*

[...]

Este é o conceito central do funcionamento orgânico do universo. A primeira onda diz respeito à criação, à origem da matéria, à condensação das nebulosas, à formação dos sistemas planetários, do vosso sol, do vosso planeta, até à condensação máxima. A segunda onda de retorno é aquela que vos interessa e que agora viveis, *e diz respeito à evolução da matéria até as formas orgânicas, à origem da vida e, com a vida, a conquista de uma consciência sempre mais ampla, até a visão do Absoluto.* É a fase de retorno da matéria que, através da ação, da luta, da dor, reencontra o espírito e

6 Idem, ibidem, cap. XXXV, "A evolução das dimensões e a lei dos limites dimensionais".

volta para a ideia pura, despojando-se, pouco a pouco, das incrustações da forma.

[...]

O Universo de matéria estelar, que vedes, é como a casca, a manifestação exterior, o corpo daquele princípio que está no íntimo, no centro.[7]

A explicação de muitos problemas de física e de astronomia que vos parecem insolúveis reside neste fato de vos manterdes sempre no plano físico e de não acompanhardes os fenômenos *onde eles, debaixo deste aspecto, se desvanecem; não sabeis reencontrá-los enquanto "renascem" sob aspecto diverso.*[8]

---

[7] Idem, ibidem, cap. VIII, "A lei".

[8] Idem, ibidem, cap. XXXIII, "Limites espaciais e limites evolutivos do universo".

Comentários ao Capítulo I

Como começou o Universo, se é que teve um começo, e como terminará, se é que terá um fim? É possível determinar a sua idade e a sua amplitude? Ele se expandirá para sempre ou, em determinado momento, haverá um refluxo? Nasceu por si mesmo ou foi criado por uma Inteligência Superior? É eterno ou transitório? Estamos usando a abordagem correta para compreender e responder a todas essas questões?. Isto é o que cientistas e filósofos vêm se perguntando nos últimos milênios e conquistando, a duras penas, algumas respostas parciais que, no entanto, não conseguem saciar a sua infinita sede de saber.

Apesar de seus avançados cálculos matemáticos e do sofisticado desenvolvimento tecnológico atual, não é nada conclusivo o que é ensinado hoje pela ciência a respeito da origem do Universo. Sua teoria mais aclamada, a da Grande Explosão, não parte da Criação, ou seja, da estaca zero, *mas da expansão do Cosmos, de algo que já existia antes do início.* De acordo com formulações científicas do último século, há aproximadamente 13,7 bilhões de anos todo o Universo que conhecemos (e que é apenas uma fração do Universo total) estava comprimido num único ponto de raio zero, uma espécie de átomo primordial ou ovo cósmico. A partir desse ponto cego ocorreu o *Big Bang,* espalhando sua matéria-prima, de forma esférica, em todas as direções, numa velocidade inconcebível.

Ele era no início infinitamente quente. Um segundo depois, teria se expandido o bastante para baixar sua temperatura para dez bilhões de graus Celsius (aproximadamente mil vezes a temperatura no centro do Sol). Cem segundos depois a temperatura teria caído para um bilhão de graus (a temperatura no interior das estrelas mais quentes). A partir daí, com o resfriamento progressivo, essa espécie de sopa turva e espessa começou a transformar-se em fótons, elétrons, neutrinos e respectivas antipartículas, juntamente com prótons e nêutrons.[1] Alguns milhares de anos depois, quando a temperatura caiu também para alguns milhares de graus, os elétrons diminuíram de velocidade até os núcleos leves poderem capturá-los para formar átomos.[2] Esfriando-se ainda mais à medida que se expandia, permitiu que os núcleos se transformassem em átomos, os quais se aglutinaram em moléculas, formando cristais e minerais em suas miríades de configurações... Daí à formação de mundos, estrelas, constelações, galáxias e universos, e, mais tarde, com o advento da célula, ao surgimento da vida, foi um passo.

Há uma bela figura empregada pelos cientistas para ilustrar essa expansão das galáxias no Universo: a de um balão com vários pontos pintados em sua superfície. À medida que esse balão vai se inflando e expandindo, aumenta a distância entre os pontos de sua superfície.

---

1 HAWKING, Stephen/MLODINOW, Leonard. *Uma nova história do tempo,* PocketOuro, cap. 8, "O big bang, buracos negros e a evolução do universo".

2 HAWKING, Stephen. *O universo numa casca de noz,* 4. ed. São Paulo: ARX, 2002, cap. III.

Nossa Via Láctea é constituída por cerca de 100 bilhões de estrelas e mede aproximadamente 100 mil anos-luz de diâmetro (um ano-luz é a distância que a luz percorre em um ano à velocidade de 300 mil quilômetros por segundo, algo em torno de 10 trilhões de quilômetros). Ela se encontra em lenta rotação, e entre as estrelas de um de seus braços espirais está o nosso Sol, um astro humilde e amarelado de magnitude 5, orbitado por oito planetas (já que Plutão foi rebaixado), alguns com satélites, e vários planetas anões. E para falar de novo em bilhões, há cerca de 100 bilhões de galáxias irmãs da nossa que podem ser vistas com os telescópios atuais.

Dizem os cientistas que se uma estrela fosse um grão de sal, seria possível colocar em uma colher de chá todas as estrelas visíveis a olho nu (cerca de 5.000), mas se isso fosse feito com todas as estrelas do Universo, elas encheriam uma bola de 12 quilômetros de largura. Isto em se tratando do Universo que conhecemos, mas não estaríamos delirando se o comparássemos, em termos cósmicos, a um grão de areia no deserto do Saara. E se o Saara fosse apenas um grão de areia no deserto do Infinito?

Dissemos que a Grande Explosão partiu de alguma coisa que já existia, e não da estaca zero. Esse é o nosso Universo conhecido, apenas um pixel na tela da Grande Criação. Para entender melhor como é infinita a obra de Deus, imagine-se em passeio pelo campo, num anoitecer encalorado, apreciando alguns milhares de pirilampos piscarem suas luzinhas numa espécie de lençol ondulante sobre a imensa campina. Se você imaginar que cada piscadela é um *Big Bang*, então já começou a compreender os sistemas de universos que existem no Universo.

Falamos da teoria da Grande Explosão, mas há outras teorias científicas a respeito da formação do Universo que também têm (ou tiveram) seus defensores entre os cientistas, destacando-se a do Estado Estacionário do Universo (hoje desacreditada) e a do Universo Oscilante Eterno. Esta teoria diz que nosso Universo se expande e se contrai em seguida, para se expandir e se contrair de novo, como se fosse a respiração de um imenso pulmão cósmico a resfolegar eternamente.[3]

É de observação comum que, da maioria das teorias que se contrapõem (quer seja no campo científico, filosófico ou religioso), cada uma só capta, em geral, uma parcela da realidade. Se forem trabalhadas com inteligência – e não com espírito de exclusão –, é possível elaborar uma nova teoria, mais completa e convincente, assimilando e unificando os dados corretos das anteriores.

Um exemplo frisante, descendo agora para o acanhado campo da arena humana, seriam as teorias do Criacionismo *versus* Evolucionismo, que poderiam ser retrabalhadas e enunciadas da seguinte forma: "Deus criou o homem e deu-lhe condições de evolucionar por sua própria conta, no uso permanente de seu livre-arbítrio, até atingir a per-

---

[3] NOVELLO, Mário. *Do big bang ao universo eterno,* 2. ed. Rio de Janeiro: Zahar, 2010, *passim.*

feição no Infinito". Teríamos assim Criacionismo e Evolucionismo unificados sob uma nova proposta mais abrangente que representa, em tese, o que acontece na realidade, e estaríamos colaborando para que os adeptos de Deus e de Charles Darwin (1809-1882) se dessem as mãos e fumassem o cachimbo da paz. Dessa constatação lógica resulta que, como os próprios cientistas sabem, nenhuma das teorias que tratam da origem e desenvolvimento do Universo está totalmente certa ou totalmente equivocada, mas cada uma apenas tangencia o problema cuja solução, por enquanto, paira acima das indagações intelectuais do homem atual. Haja vista a teoria da relatividade de Einstein e a física quântica de Bohr: elas se estranham em vários aspectos, mas se completam em outros.[4]

É o que em geral asseveram os cientistas, quando dizem que nenhuma teoria científica possui um valor absoluto e permanente. À medida que métodos e ferramentas usados em experiências e observações avançam, *teorias podem ser refutadas ou transformadas em novas formas capazes de incorporar algumas ideias anteriores.*

Urge esclarecer também, nesta oportunidade, embora de forma simples, o que entendemos por ciência e cientista, para que não haja confusão entre os dois termos. Ciência, numa definição supercondensada, é o corpo organizado de conhecimento, erigido de forma racional, sistematizada e

---

[4] HAWKING, Stephen/MLODINOW, Leonard. *Uma nova história do tempo,* PocketOuro, cap. 9, "Gravidade quântica".

lógica por intermédio do método científico. Já cientista é qualquer pessoa que se especialize em um dos vários ramos da ciência, e que, embora dotada – como todo ser humano – de sentimentos, emoções e crenças, deve mantê-los fora de suas teorias e artigos científicos. Os pré-requisitos da ciência excluem de suas teorias as convicções não testáveis e comprováveis pelo rigorismo de seus métodos.

Não obstante essa rigidez sistêmica, nada impede que os cientistas manifestem publicamente suas convicções. Stephen Hawking (1942-2018), famoso cientista cadeirante, portador de uma rara doença degenerativa que paralisa os músculos do corpo sem atingir as funções cerebrais, ganhou manchetes no mundo inteiro em 2010, quando declarou que "não é necessário invocar Deus para o Universo funcionar", acenando com uma probabilidade de conflito entre ciência e fé. Em contraposição, Albert Einstein, definido por alguns como *místico quântico*, era mais conciliador. Mostrando-se reverente e maravilhado diante do mistério que permeia o Cosmos, e honrando o lado espiritual da mente humana, declarou: "Afirmo que o sentimento de religião cósmica é o motivo mais forte e nobre para a pesquisa científica".[5]

É comum atribuir-se à ciência o que dizem os cientistas, o que não deixa de ser uma temeridade. A ciência não diz nada, é uma abstração: seria, de forma geral, o conjunto

---

[5] CHOPRA, Deepak/MLODINOW, Leonard. *Ciência x Espiritualidade,* Sextante, capítulos 2. "Como surgiu o Universo?" e 7. "O que é a vida?".

das academias, sociedades e revistas científicas. Os cientistas é que – com fulcro em pacientes pesquisas laboratoriais ou de campo, mas evitando contaminá-las com suas idiossincrasias – expressam convicções e colorações ideológicas diversas. Em face disso, sempre que empregarmos o termo ciência neste livro, estaremos nos referindo, em princípio, à maioria dos cientistas que a compõem. Lembrando sempre que a ciência não é estática, mas dinâmica, e, ao contrário das religiões sectárias, está permanentemente aberta a novas ideias, como bem o afirma o físico norte-americano Leonard Mlodinow: "A princípio, a ciência só considerava reais os objetos visíveis, palpáveis; depois, ela passou a aceitar campos de força intangíveis, átomos invisíveis e até quarks, *que jamais serão observados*. A ciência está aberta para aceitar novas verdades. Ela só se recusa a admitir falsas verdades".[6]

Em Kardec encontramos a informação de que o Universo conhecido por nós foi criado por Deus, ou seja, teve um início, não existe de toda a eternidade. As Entidades espirituais esquivam-se a fornecer detalhes sobre o modo de como se deu o início da Criação, umas porque realmente não sabem, e outras porque talvez saibam, mas não devem isentar o homem da parte que lhe cabe na pesquisa e compreensão do princípio das coisas. Não obstante resumirem o começo de tudo nas belas palavras de Moisés na *Gênese,* acrescentam que os mundos são formados pela

---

6 Idem, ibidem, Epílogo.

condensação da energia universal e que esses elementos, de que tudo é feito, são imperecíveis como substância, estão disseminados no Universo em suas várias modalidades de maturação, podendo ser reutilizados em criações sucessivas pelos Cristos na formação de seus mundos.

Sua Voz, por sua vez, argumenta que, se todo o Universo se deslocasse infinitamente em uma única direção, ficaria sobrecarregado e se desequilibraria. Para que o equilíbrio seja mantido, isto é, para que o Universo seja autossustentável, é necessário que a uma ondulação de ida se contraponha outra de volta. E mais: essa ondulação de ida é a criadora dos universos físicos, e, quando atinge o limite de sua expansão, chegando à saturação máxima de seus elementos atômicos, desintegra-se e retorna ao centro em forma de energia, elemento invisível e, portanto, ainda imune à constatação da instrumentação científica de nosso tempo.

As imagens dizem mais que as palavras. Para visualizar uma figura desse fenômeno, imagine-se o leitor atirando uma pedra para o alto, de maneira que ela caia quase verticalmente sobre um lago sereno. Os anéis de ondulação ou ondas circulares formados na água pelo impacto da pedra vão se expandindo sucessivamente até perderem a força e se desmancharem. O que acontece com o Universo atual é que sua taxa de expansão está se acelerando, podendo ser estimada entre 5% e 10% a cada bilhão de anos[7], e nada

---

7 Idem, ibidem, cap. 7, "O universo em expansão".

indica quando, ou se, esse impulso centrífugo irá diminuir ou parar. Como a visão humana só está adaptada para ver a parte tangível do Universo, quando a matéria chegar à borda dessa expansiva onda circular – em forma de planetas, astros e galáxias –, irá desaparecer no inconcebível, velando-se à visão do homem. Mas, na realidade, como estabelece a revelação de Sua Voz, ela estará apenas (devido à sua maturação) se desintegrando atomicamente, mudando de fase e retornando invisível à origem em forma de energia.

Quando a substância, na borda do Universo, se transforma de matéria em energia, *desloca também seus elementos de uma fase para outra,* passando, num primeiro momento, de matéria a energia e da dimensão espaço para a dimensão tempo. Nesse ponto, a espiral volta a se fechar e o retorno, ao centro, dessa substância mais purificada, amadurecida e envelhecida, irá proporcionar, nesse ciclo de refluxo, a manifestação de estágios superiores de existência, como as formas orgânicas, a origem da vida e a conquista, em nível mais elevado, da consciência. Teremos aí, interagindo e complementando-se, universos físicos, dinâmicos e psíquicos. Vivemos hoje, segundo Sua Voz, essa fase de retorno e, quando chegarmos ao centro, haverá uma nova mudança de fase e uma nova expansão – um ciclo acima da anterior –, levando-nos a novas alturas evolutivas ainda desconhecidas, de cujas culminâncias não conseguimos fazer a mais pálida ideia na atualidade. Voltando à imagem da pedra atirada no lago, é como se as argolinhas líquidas que se formaram e se expandiram perdessem a força e, invertendo o seu movimento, *retornassem sob a água* (de forma imperceptível ao homem), ao ponto em que a pedra caiu.

O Universo que conhecemos, e que é apenas um dos aspectos da Criação, é constituído de *matéria, energia e psiquismo,* o precursor do espírito (deixemos o espírito, por enquanto, fora dessa equação). Mas esses elementos não estão divididos em faixas. O Universo contém a todo momento, mesclados, interagindo e em permanente evolução, esses três elementos de seu transformismo criador. A matéria se transforma em energia ao longo dessa criação, a energia se transforma em psiquismo e o psiquismo libera o princípio que existe em seu íntimo, que se conscientiza e se "espiritiza". Completada essa etapa, depurada a Substância na trajetória purificadora do tempo, terá início uma nova fase ou criação ainda ignorada, como ensina Sua Voz:

"Assim, o espaço morrerá com a matéria; o tempo com a energia; a relatividade com a consciência, e a Substância ressurgirá em formas e dimensões mais elevadas, tomando sempre novas direções. *Cada dimensão, sendo relativa e em evolução, é segunda, em relação à que a precede, e primeira em relação à que a segue.* Sempre existe um grau mais alto a subir, uma fase superior a atingir".[8]

Jesus, que formou este planeta por ordem do Eterno Pai (como vemos no início do Evangelho segundo João), confirma essa evolução do Universo consubstanciada em três

---

[8] UBALDI, Pietro. *A grande síntese,* 9. ed. São Paulo: Lake, cap. XXXVIII, "Gênese da gravitação".

fases e três dimensões quando afirma: "O reino dos céus é semelhante ao fermento que uma mulher tomou e escondeu em três medidas de farinha, até ficar tudo levedado" (Mateus, 13:33).

Devemos entender por reino dos céus a finalidade, o ponto de chegada, a plenitude, o objetivo visado pelo evolucionismo universal. Fermento: o impulso interior que leva a substância a evoluir, amadurecer, desabrochar e se tornar consciente no espaço e no tempo. Mulher: a Mãe Divina, ou seja, Deus, segundo a simbologia oriental empregada pelo divino Mestre. Escondeu: velou esse mistério até que o ser consciente (nós) atingisse a maioridade e a perfeição para entendê-lo. Três medidas: os três níveis, interligados e interagentes, em que se processa a evolução nesse nosso ângulo de Universo – *matéria, energia e psiquismo*. Farinha: a substância universal. Levedado: posto a crescer, fermentado, aperfeiçoado, amadurecido.

Se o leitor desvestir o Cristo do aspecto exclusivamente religioso e acanhado pelo qual Ele tem sido visto pela quase totalidade do gênero humano e visualizá-l'O em seu esplendor solar de Filho de Deus, tal como ensinava Alziro Zarur (1914-1979), como o maior Físico, o maior Químico, o maior Biólogo, o maior Cientista, o maior Filósofo, o maior Psicólogo, o maior Estadista, o maior Político, o maior Educador, o maior Libertador de almas de todos os tempos, então começará a ter uma tênue, tímida e tácita ideia da Entidade Sublime que, das Esferas Resplandecentes deste planeta, está governando amorosamente os nossos destinos. Nenhum gênio terrestre, por maior que seja, habitou, habita ou habitará a Terra sem ter antes recebido o aval (ou visto de entrada) de seu fundador e a Ele estar subordinado.

Ao dizer isto, não estamos descartando a precisão terminológica, estabelecida de forma tão rigorosa pela ciência, nem abusando do uso da linguagem. A obra do Cristo e a influência crescente que Ele exerce no mundo, à medida que sua visão profética vai sendo decodificada pelo homem inteligente, comprovam essa realidade. O domínio da Humanidade pela mensagem de seu Governante Supremo é questão de tempo. Na visão de Émile Littré (Espírito), em mensagem dirigida a seus irmãos terrenos, e que transcrevo aqui de forma livre, *Jesus há de ser a figura culminante no plano físico, porque é a figura culminante no plano espiritual.*[9]

Destaques deste Capítulo

- Parte da ciência explica a origem do Universo como uma Grande Explosão que ocorreu a começar de um ovo cósmico.
- Uma segunda teoria, a do Universo Oscilante Eterno, diz que nosso Universo se expande e se contrai como se fosse um pulmão cósmico respirando.

[9] LACERDA, Fernando de. *Do país da luz,* 5. ed. Rio de Janeiro: FEB, 1984, vol. 2, cap. XXVIII, p. 175.

- As teorias que se contrapõem são, em geral, falhas e podem ser utilizadas para compor uma nova teoria mais completa.
- As teorias religiosas sobre a formação do Universo são revelações também incompletas, porque não compete às Entidades espirituais isentar o homem da parte que lhe cabe na pesquisa desses fatos.
- O ovo cósmico que explode no centro do Universo, transforma-se em matéria durante a expansão, gerando os universos físicos, e depois transmuda-se em energia, ao chegar ao termo da onda circular, retornando em seguida ao centro e gerando manifestações dinâmicas e psíquicas nesse retorno.
- Jesus confirma a evolução do Universo em três fases quando diz que o reino dos céus é semelhante ao fermento que uma mulher tomou e escondeu *em três medidas de farinha,* até ficar tudo levedado.

CAPÍTULO II

Formação do Sistema Solar. Planeta Terra

Ciência

O Sistema Solar compreende o conjunto constituído pelo Sol e por todos os corpos celestes que estão sob seu domínio gravitacional. O Sol responde por mais de 99,85% da massa total do Sistema Solar e gera sua energia através da fusão de núcleos de hidrogênio para a formação de hélio, dois de seus principais constituintes. Os quatro planetas mais próximos do Sol (Mercúrio, Vênus, Terra e Marte) possuem em comum uma crosta sólida e rochosa, razão pela qual se classificam no grupo dos planetas telúricos, ou rochosos. Mais afastados, os quatro gigantes gasosos (Júpiter, Saturno, Urano e Netuno) são os componentes de maior massa do Sistema, logo após o próprio Sol. Dos cinco planetas anões, Ceres é o que se localiza mais próximo do centro do Sistema Solar, enquanto todos os outros, inclusive o nanico Plutão, se encontram além da órbita de Netuno.

O Sistema Solar, de acordo com a teoria mais aceita hoje em dia, teve origem a partir de uma nuvem molecular que, por alguma perturbação gravitacional, talvez a explosão de uma supernova, entrou em colapso (contraiu-se) e formou a estrela central, enquanto seus remanescentes geraram os demais corpos. (Supernova é uma estrela maciça que, num estágio avançado de sua evolução, explode, podendo irradiar um brilho tão intenso quanto o de uma galáxia, para em seguida ir perdendo o seu fulgor.) Em sua configuração atual, todos os componentes do Sistema Solar descrevem órbitas praticamente elípticas (ovoides) ao redor do Sol, constituindo um sistema dinâmico em que os corpos estão em mútua interação, mediada sobretudo pela força gravitacional.

A Terra, o maior planeta telúrico e o quinto maior do Sistema Solar, é o terceiro a contar do Sol. Seu núcleo é constituído principalmente por ferro e níquel, ao redor do qual encontra-se uma camada de rochas fundidas, por sua vez cercada por uma crosta relativamente fina e dividida em placas tectônicas ou geológicas em constante movimento, responsáveis pelas atividades sísmica e vulcânica na Terra. O núcleo metálico e a rotação do planeta permitem a formação de um substancial campo magnético. Com mais de 70% de sua superfície coberta por água, a Terra apresenta uma peculiaridade em relação aos demais planetas, já que é o único conhecido a abrigar vida. Os seres que o habitam influenciam a composição e a dinâmica da atmosfera terrestre, formada principalmente por nitrogênio e oxigênio. A inclinação do eixo de rotação é responsável pela ocorrência de estações que regulam o clima.

Nosso planeta possui somente um satélite natural, a Lua. Como praticamente não possui atmosfera nem está sujeita a outros agentes erosivos, a superfície lunar encontra-se coberta por marcas de impacto de outros corpos na forma de inúmeras crateras. Visualmente, a Lua é dividida em duas regiões, conforme sua coloração: as terras altas, geralmente mais claras, e os *mares*, bacias de impacto preenchidas com lava que se mostram mais escuras. O período de rotação do satélite (cerca de 27 dias) é exatamente igual ao período de translação em torno da Terra, o que faz com que a Lua tenha sempre a mesma face voltada para nós (fenômeno denominado *rotação sincronizada*). Dentre as influências que a presença da Lua provoca na Terra, podem-se ressaltar a ocorrência das marés e a estabilidade no eixo de rotação do planeta. As primeiras sondas para explorar o satélite foram enviadas em 1959 e, dez anos depois, uma aeronave tripulada veio pousar em sua superfície, o que fez da Lua o primeiro e único corpo celeste visitado por humanos até o presente.[1]

Galileu Galilei – (Espírito), físico, matemático, astrônomo e filósofo italiano

Sucedeu que, num ponto do Universo, perdido entre as miríades [quantidades imensas] de mundos, *a matéria cósmica se condensou sob a forma de imensa nebulosa,* animada

[1] WIKIPEDIA (Internet), "Formação e evolução do Sistema Solar", texto condensado, acesso em maio/2017.

esta das leis universais que regem a matéria. Em virtude dessas leis, notadamente da força molecular de atração, tomou ela a forma de um esferoide, a única que pode assumir uma massa de matéria insulada no espaço.

O movimento circular produzido pela gravitação, rigorosamente igual, de todas as zonas moleculares em direção ao centro, logo modificou a esfera primitiva, a fim de a conduzir, de movimento em movimento, à forma lenticular [semelhante a uma lente].[2] Falamos do conjunto da nebulosa.

Novas forças surgiram em consequência desse movimento de rotação: a força centrípeta e a força centrífuga, a primeira tendendo a reunir todas as partes no centro, tendendo a segunda a afastá-las dele. Ora, acelerando-se o movimento, à medida que a nebulosa se condensa, e aumentando o seu raio, à medida que ela se aproxima da forma lenticular, a força centrífuga, incessantemente desenvolvida por essas duas causas, predominou de pronto sobre a atração central.

Assim como um movimento demasiado rápido da funda [arma de arremesso que o atirador rodopia na mão para atirar pedras] lhe quebra a corda, indo o projétil cair longe, também a predominância da força centrífuga *destacou o circo equatorial da nebulosa e desse anel uma nova massa se formou, isolada da primeira, mas, todavia, submetida ao seu império.* Aquela massa conservou o seu movimento

---

2 O autor refere-se à lente que toma a forma biconvexa, quando vista de perfil.

equatorial que, modificado, se lhe tornou movimento de translação em torno do astro solar. Ao demais, o seu novo estado lhe dá um movimento de rotação em torno do próprio centro.

A nebulosa geratriz, que deu origem a esse novo mundo, condensou-se e retomou a forma esférica; mas, como o primitivo calor, desenvolvido por seus diversos movimentos, só com extrema lentidão se atenuasse, *o fenômeno que acabamos de descrever se reproduzirá muitas vezes e durante longo período,* enquanto a nebulosa não se haja tornado bastante densa, bastante sólida, para oferecer resistência eficaz às modificações de forma, que o seu movimento de rotação sucessivamente lhe imprime.

Ela, pois, não terá dado nascimento a um só astro, *mas a centenas de mundos destacados do foco central,* saídos dela pelo modo de formação mencionado anteriormente. Ora, cada um de seus mundos, revestido, como o mundo primitivo, das forças naturais que presidem à criação dos universos gerará sucessivamente novos globos que desde então lhe gravitarão em torno, como ele, juntamente com seus irmãos, gravita em torno do foco que lhes deu existência e vida. Cada um desses mundos será um Sol, *centro de um turbilhão de planetas sucessivamente destacados do seu equador.* Esses planetas receberão uma vida especial, particular, embora dependente do astro que os gerou.

Os planetas são, assim, *formados de massas de matéria condensada,* porém, ainda não solidificada, destacadas da massa central pela ação de força centrífuga e que tomam, em virtude das leis do movimento, a forma esferoidal, mais ou menos elíptica, conforme o grau de fluidez que conservaram. *Um desses planetas será a Terra que, antes de se resfriar e revestir de uma crosta sólida, dará nascimento à Lua, pelo mesmo processo de formação astral a que ela própria deveu a sua existência.*[3]

Emmanuel – Mentor espiritual do médium Francisco Cândido Xavier (1910-2002)

Que força sobre-humana pôde manter o equilíbrio da nebulosa terrestre, *destacada do núcleo central do sistema,* conferindo-lhe um conjunto de leis matemáticas, dentro das quais se iam manifestar todos os fenômenos inteligentes e harmônicos de sua vida, por milênios de milênios? Distando do Sol cerca de 149.600.000 quilômetros e deslocando-se no espaço com a velocidade diária de 2.500.000 quilômetros, em torno do grande astro do dia, imaginemos a sua composição nos primeiros tempos de existência, como planeta.

Laboratório de matérias ignescentes [em chamas], o conflito das forças telúricas e das energias físico-químicas opera as grandiosas construções do teatro da vida, no imenso cadinho [vaso usado para fundir metais] onde a temperatura se eleva, por vezes, a 2.000 graus de calor, como se a matéria colocada num forno, incandescente,

---

3 KARDEC, Allan. *A gênese,* 45. ed. Brasília: FEB, 2004, cap. VI, "Os sóis e os planetas", itens 20 a 23.

estivesse sendo submetida aos mais diversos ensaios, para examinar-se a sua qualidade e possibilidades na edificação da nova escola dos seres. As descargas elétricas, em proporções jamais vistas na Humanidade, despertam estranhas comoções no grande organismo planetário, cuja formação se processa nas oficinas do infinito.

[...]

As vastidões atmosféricas são amplo repositório de energias elétricas e de vapores que trabalham as substâncias torturadas no orbe terrestre. O frio dos espaços atua, porém, sobre esse laboratório de energias incandescentes e a condensação dos metais verifica-se com a leve formação da crosta solidificada.

É o primeiro descanso das tumultuosas comoções geológicas do globo. Formam-se os oceanos, onde a água tépida sofre pressão difícil de descrever-se. A atmosfera está carregada de vapores aquosos e as grandes tempestades varrem, em todas as direções, a superfície do planeta, mas sobre a Terra o caos fica dominado como por encanto. As paisagens aclaram-se, fixando a luz solar que se projeta nesse novo teatro de evolução e vida.

As mãos de Jesus haviam descansado, após o longo período de confusão dos elementos físicos da organização planetária.

Sim, Ele havia vencido todos os pavores das energias desencadeadas; *com as suas legiões de trabalhadores divinos,* lançou o escopro [ferramenta usada para lavrar pedras e metais] da sua misericórdia sobre o bloco de matéria informe, que a Sabedoria do Pai deslocara do Sol para as suas mãos augustas e compassivas. Operou a escultura geológica do orbe terreno, trabalhando a escola abençoada e grandiosa, na qual o seu coração haveria de expandir-se em amor, claridade e justiça. *Com os seus exércitos de trabalhadores devotados, estatuiu os regulamentos dos fenômenos físicos da Terra,* organizando-lhes o equilíbrio futuro na base dos corpos simples de matéria, cuja unidade substancial os espectroscópios terrenos puderam identificar por toda parte no universo galáctico.

Organizou o cenário da vida, criando, sob as vistas de Deus, o indispensável à existência dos seres do porvir. Fez a pressão atmosférica adequada ao homem, antecipando-se ao seu nascimento no mundo, no curso dos milênios; estabeleceu os grandes centros de força da ionosfera e da estratosfera, onde se harmonizam os fenômenos elétricos da existência planetária, e edificou as usinas de ozone a 40 e 60 quilômetros de altitude, para que filtrassem convenientemente os raios solares, manipulando-lhes a composição precisa à manutenção da vida organizada no orbe. Definiu todas as linhas de progresso da humanidade futura, engendrando a harmonia de todas as forças físicas que presidem ao ciclo das atividades planetárias.[4]

---

4 EMMANUEL. *A caminho da luz,* Rio de Janeiro: FEB, 1975, cap. I, itens "Os primeiros tempos do orbe terrestre", "A solidificação da matéria" e "O divino escultor".

Comentários ao Capítulo II

A hipótese mais aceita hoje no meio científico sobre a gênese do nosso Sistema Solar – conhecida como *hipótese nebular* – diz que o Sol teria se formado a partir de uma nebulosa que girava e se contraía em um dos braços da Via Láctea. Ao redor do Sol, os materiais restantes foram se condensando da poeira sideral que o envolvia, dando nascimento aos planetas, satélites, asteroides e demais corpos em formação.

No princípio, esses corpos que giravam em torno do Sol, alguns com dimensões quilométricas, colidiam uns com os outros e se fundiam, proporcionando um aumento significativo de suas massas. Os que atingiam dimensões maiores que as dos demais deram origem aos primeiros planetas. Segundo essa hipótese, tanto a Terra quanto Vênus, por exemplo, resultaram da colisão de mais de dez desses corpos originais cada um. Por esse ângulo, embora Sol e planetas fossem feitos do mesmo material, estes teriam nascido de forma semelhante mas independente do astro rei, capturados, porém, por sua força de atração e postos a girar em seu entorno.

Já a hipótese formulada por Galileu, como vimos, diz que *os planetas teriam sido expelidos sucessivamente do círculo equatorial do Sol em sua formação,* como pedras que fossem lançadas de uma funda no auge de seu movimento circular. Dessa forma, os planetas destacados, pela força centrífuga, da imensa massa do Sol ainda fluida e pastosa, tomam, sob essa poderosa impulsão, o mesmo movimento rotatório dele e, girando em seu entorno, acabam por se consolidar. Parece algo extraordinário, mas quando se sabe que o Sol responde por 99,85% da massa total do nosso Sistema, e os planetas e irmãos menores por apenas 0,15%, fica fácil perceber o quanto esse fenômeno foi cosmicamente insignificante. (Se o Sol medisse um metro e meio de diâmetro, a Terra teria pouco mais de um centímetro.) E como os filhos aprendem depressa com os pais, a Terra também expeliu a Lua, executando a mesma técnica empregada pelo Sol.

Curiosamente, havia três hipóteses sobre a formação da Lua antes do estudo do material colhido pelo Projeto Apollo, que durou de 1961 a 1972: 1) *cocrescimento:* a Terra e a Lua formaram-se ao mesmo tempo da nebulosa solar; 2) *fissão:* a Lua foi destacada da Terra; e 3) *captura:* a Lua foi formada em outro ambiente e capturada pela gravidade da Terra. Agora, na era pós-Apollo, nasceu a quarta teoria, a do *impacto:* a Terra colidiu com um objeto espacial muito grande (talvez um asteroide gigante) e a Lua se formou do material ejetado.[1]

Mesclando agora interpretação com opinião, acreditamos que a segunda hipótese, também adotada por Galileu, seja a mais alinhada com as evidências e o raciocínio lógico. Isto porque os Engenheiros Siderais, ou Gênios Cons-

---

1 http://www.noveplanetas.astronomia.web.st/index.html – acesso em maio/2017.

trutores, como os denomina André Luiz[2], que trabalham nessas ocasiões sob o comando dos Cristos Planetários, Solares e Galácticos, são calmos e comedidos, e empregam com perfeição e domínio pleno seus imensos poderes magnéticos e espirituais na manipulação dos oceanos fluídicos do Universo. Essa atuação serena e sábia dispensa efeitos especiais e recursos hollywoodianos à Spielberg – como colisões espaciais, foguetórios cósmicos e outras pirotecnias siderais –, que tanto deslumbram os fãs de Steven ao redor do mundo.

Outra evidência que reforça esse parto equatorial nasce do princípio de que o macrocosmo é igual ao microcosmo. O Sol expele planetas, os planetas expelem satélites, e os núcleos dos átomos expelem elétrons. Quando o éter – átomo constituído de um só núcleo –, por amadurecimento ou envelhecimento, abre o sistema de seu núcleo e expele um elétron, transforma-se em hidrogênio; se expelir dois, em hélio; três, em lítio, e assim sucessivamente, até a emissão de 92 elétrons, formando o urânio.[3] Assim também o Sol, em sua parturição cósmica, expeliu oito planetas gran-

---

[2] LUIZ, André. *Evolução em dois mundos,* 4. ed. Rio de Janeiro: FEB, 1977, cap. III, "Primórdios da vida".

[3] UBALDI, Pietro. *A grande síntese,* 9. ed. São Paulo: Lake, cap. XII, "Constituição da matéria – unidades múltiplas". Segundo Sua Voz – nessa obra, que foi ditada de 1932 a 1935 e publicada em capítulos na revista italiana *Ali del Pensiero* a partir de janeiro de 1933 –, a matéria terrestre é constituída de 92 elementos, ou corpos simples, que vão do hidrogênio ao urânio. Atualmente, a tabela periódica contém 118 elementos, dos quais 94 ocorrem naturalmente na Terra.

des e, de quebra, com as secundinas, alguns anões. A Terra, mais humilde, só expeliu um satélite, a Lua; Marte, dois, Fobos e Deimos; Netuno, 14; Urano, 27; Saturno, 62; e Júpiter, um pouco jupiterianamente, 67!

Abrimos aqui um parêntese para expor o entendimento de três nobres Entidades espirituais a respeito do éter, de que acabamos de falar.

Diz Sua Voz que o éter "é composto de núcleos sem elétrons, e a transição do éter a H [hidrogênio] e, sucessivamente, a todos os corpos da série estequiogenética [série que gera os elementos], se produz por abertura progressiva do sistema espiraloide".[4]

Diz mais esse elevado mentor: "O éter, que para vós é mais uma hipótese do que um corpo plenamente estudado, foge às vossas classificações, porque o quereis reconduzir às formas conhecidas de matéria, quando ele é uma forma de transição entre a matéria e a energia. O éter, forma de transição entre B [energia] e Y [matéria], é, por sua vez, o pai do H. *É filho das formas dinâmicas puras, calor, eletricidade, gravitação,* às quais a matéria voltará por desagregação e radioatividade. As nebulosas condensam-se da fase éter, atravessam as fases gás, líquido, sólido e, entre os corpos sólidos, são os do peso atômico máximo, os mais radioativos, os mais velhos, como já disse, os que voltam, por desagregação atômica, à fase B."[5]

---

[4] Idem, ibidem, cap. XLVI, "Estudo da fase B: energia".

[5] Idem, ibidem, cap. XIV, "Do éter aos corpos radioativos".

Nessa mesma linha de pensar, explana o Espírito Galileu Galilei: "Há um fluido etéreo que enche o espaço e penetra os corpos. Esse fluido é o *éter* ou *matéria cósmica* primitiva, geradora do mundo e dos seres. São-lhe inerentes as forças que presidiram às metamorfoses da matéria, as leis imutáveis e necessárias que regem o mundo. Essas múltiplas forças, indefinidamente variadas segundo as combinações da matéria, localizadas segundo as massas, diversificadas em seus modos de ação, segundo as circunstâncias e os meios, são conhecidas na Terra sob os nomes de *gravidade*, *coesão*, *afinidade*, *atração*, *magnetismo*, *eletricidade ativa*. [...]".[6]

Emmanuel, por fim, coroa as reflexões anteriores com sua visão espiritual desse conceito: "Nos círculos científicos do planeta muito se tem falado do éter, sem que possa alguém fornecer uma imagem perfeita da sua realidade, nas convenções conhecidas. E, de fato, o homem não pode imaginá-lo, dentro das percepções acanhadas da sua mente. Por nossa vez, não poderemos proporcionar a vós outros uma noção mais avançada, em vista da ausência de termos de analogia. Se, como desencarnados, começamos a examiná-lo na sua essência profunda, para os homens da Terra o éter é quase uma abstração. De qualquer modo, porém, *busquemos entendê-lo como fluido sagrado da vida, que se encontra em todo o cosmo; fluido*

---

[6] KARDEC, Allan. *A gênese*, 45. ed. Brasília: FEB, 2004, "Uranografia geral", item 10.

essencial do Universo, que, em todas as direções, é o veículo do pensamento divino".[7]

Hoje, a teoria do éter, estabelecida por Hendrik Lorentz (1853-1928) e Henri Poincaré (1854-1912), está praticamente descartada pela ciência, o que não infirma, a nosso ver, a tese de Sua Voz, Galileu e Emmanuel, porque o campo continua aberto a estudos e a ciência não se peja, muitas vezes, de rever e reformular periodicamente seus postulados.

Fechamos o parêntese.

Emmanuel destaca, em seus escritos, a permanente atuação de Deus – por meio de seus Prepostos universais – na condução dos fenômenos que deram nascimento a todos os universos, os quais, de eternidade a eternidade, rodopiam pelo Infinito. Tão grande e evidente é a presença de uma Inteligência Superior que deu origem ao Cosmos, proporcionando o surgimento da vida, que – como escreveu Edwin Conklin (1863-1952) – *a probabilidade de tudo isto se haver originado por acaso é comparável à probabilidade de um dicionário completo resultar de uma explosão numa tipografia.* Ou, como sugerem outros, de um Boeing inteiro resultar da passagem de um tornado por um ferro-velho. Ou, ainda, como diz certa fábula, de a obra shakespeariana integral resultar de um bando de macacos, num escritório, teclando aleatoriamente uma máquina de escrever...

---

7 EMMANUEL. *O consolador,* 7. ed. Rio de Janeiro: FEB, 1977, "Primeira parte – Ciência", item 20.

Todo esse arranjo extraordinário nas oficinas do Infinito, e que envolve as Entidades espirituais mais elevadas em seus múltiplos espectros de especialização, tem por objetivo "a edificação da nova escola dos seres", com o estabelecimento de suas inúmeras faixas evolutivas e o surgimento de zilhões de moradias na Casa do Pai, como colmeias do Infinito à espera de seus futuros habitantes. Mas o processo é infinitamente lento e tem que ser trabalhado fase a fase, por meio de minuciosos ajustamentos. Só assim o trabalho depurador do tempo pode realizar uma sintonia perfeita na interação dos elementos e permitir a construção de um ambiente apto a permitir o advento em seu seio, num tempo futuro, do ser consciente e raciocinante – o espírito –, que é a meta suprema de toda a Criação.

Quando Emmanuel baixa sua visão da Criação universal para fixá-la nesse abençoado nicho da criação particular em que está situado o nosso planeta, e vê a nossa moradia em adiantado processo de gestação, sua palavra emocionada adota um tom comovente e fala com infinita fé diretamente à nossa alma: *"As mãos de Jesus haviam descansado,* após o longo período de confusão dos elementos físicos da organização planetária". Sim, as mãos de Nosso Senhor estavam esculpindo a nossa futura morada e lhe proporcionando todos os ajustes necessários, desde as mais elevadas faixas de sua atmosfera às regiões mais profundas de seu assoalho oceânico. E tudo isso para que o homem, quando, alguns bilhões de anos depois, aportasse em seu seio, fosse acolhido com banda, tapete vermelho, guarda de honra e todas as demais pompas e circunstâncias devidas a um verdadeiro rei ou chefe de estado de passagem para o seu definitivo Lar.

Não se assuste o leitor com os milhões e bilhões de anos que serão muito citados nesta obra. Em termos cósmicos, o tempo é muito relativo. Basta dizer que faz apenas 15 minutos que o homem surgiu neste mundo. Duvida? Veja a inteligente concepção de Richard Carrington (1826-1875):

"Se imaginássemos toda a história da Terra *comprimida num só ano,* guardadas as proporções, os primeiros oito meses seriam completamente sem vida. Os dois meses seguintes [setembro e outubro] seriam dedicados às criaturas mais primitivas, desde os vírus e as bactérias unicelulares até as anêmonas. Os mamíferos só apareceriam na segunda semana de dezembro. O homem que conhecemos entraria em cena por volta de 11h45 da noite de 31 de dezembro. A era da história escrita ocuparia pouco mais dos últimos 60 segundos da noite".[8]

Para encerrar este capítulo com um quadro intrigante que tem embatucado o pensamento de muita gente, quero repassar ao leitor este panorama um pouco surrealista da cambiante realidade em que nos encontramos inseridos:

Um ano-luz, como já vimos, é a velocidade que a luz percorre em um ano a 300 mil quilômetros por segundo. Ou seja, um segundo-luz é igual a 300 mil quilômetros

---

[8] Seleções do *Reader's Digest,* março/1956, p. 100.

(velocidade e tempo suficientes para a luz dar 8 voltas em torno da Terra). Quando olhamos, portanto, para o céu em uma noite estrelada e admiramos aqueles milhares de pontículos cintilantes na abóbada celeste, estamos, em verdade, enxergando o passado da Criação e não o presente. E por quê? Porque o que estamos vendo é a luz que está chegando a nossos olhos neste momento e não a fonte que a emitiu.

Se a Lua se apagar agora, levaremos um segundo para tomar conhecimento desse fato, que é o tempo que leva sua luz para chegar até nós. Se isso ocorrer com o Sol, só ficaremos às escuras 8,3 minutos depois. A estrela mais brilhante do céu noturno é Sirius, que está a 8 anos-luz de nós, o que significa que, quando olhamos Sirius, nós a vemos como era há 8 anos. A nebulosa de Órion (que vemos pouco acima das Três Marias) está a 1.500 anos-luz da Terra. Portanto, nós a vemos como era há 1.500 anos, mais ou menos na época da queda do Império Romano do Ocidente. Qualquer evento que tenha acontecido nessa nebulosa daquela época para cá não pode ser observado por nós, porque a luz da época em que ocorreu esse evento ainda está cruzando o espaço em nossa direção.[9]

Filosofando um pouco, é-nos custoso entender que quando esse arqueólogo das esferas chamado astrônomo aponta seu telescópio para o céu, ele está vendo um Universo anterior, que existiu há alguns milhões de anos, e

---

9 http://www.if.ufrgs.br/ fatima/ead/tempo-e-distancia.htm – acesso em maio/2017.

de que hoje talvez só restem ruínas, e nós, nesse contexto, estamos recordando uma espécie de sonho que tivemos na infância, ou seja, vivendo um *déjà-vu* ou um tempo que já se foi.

Tudo isto nos remete a maia (em sânscrito, *mâyâ*), um termo enigmático da cultura hinduísta que, na definição do dicionário Houaiss, *é a ilusão fundamental em que está imerso o ser humano, e que o impede frequentemente de contemplar a verdade infinita que se esconde por trás do mundo fenomenal finito.*

É o mundo da ilusão, das aparências, do faz de conta, que o homem deve superar para ancorar sua alma na realidade do Espírito. Nesse cenário de pura ficção kafkiana, quando o ser olha o caleidoscópio celeste, está contemplando apenas o passado desse abismo vertiginoso e profundo. E quando toca as coisas da Terra, só encontra resistência devido à consistência ilusória produzida pelos vórtices atômicos de que são compostas as coisas. Esses vórtices são velocíssimos na pedra, lentos na borracha e lentíssimos na espuma de sabão. É maia, a ilusória realidade virtual, capturando o homem, atraindo-o e enredando-o na sutileza tridimensional de sua trama.

O homem fica tão alucinado nesse labirinto de espelhos distorcidos que não percebe a permanente mutação universal. Chumbado que se encontra à Terra, não nota, por exemplo, os três principais movimentos do planeta: em torno de seu eixo (1.700 km/h), em torno do Sol (107.000 mil km/h), e em torno do centro da galáxia (1 milhão de km/h). Como a velocidade é constante (sem aceleração ou desaceleração), ele não percebe nada. Para perceber, teria que haver um ponto fixo para referência; as estrelas poderiam ser esse ponto, mas não são fixas e estão muito distantes.

Montado nesse pião que gira em altíssima velocidade, mas sem a sensação de seu rodopio, um tático aposentado do Exército, por exemplo, sobe a montanha, senta-se na rocha mais confortável que encontra, toma a postura de lótus e medita. Queda-se em transe, extático e zen, como uma criancinha no berço, acreditando estar, esse ex-tático – embora zunindo no espaço a 1 milhão de quilômetros por hora –, no mais estático dos mundos...

Despertando, porém, do sono da alma e constatando o fato de que se encontra emaranhado nessa teia de aranha cósmica, só lhe restam duas opções: evolução ou morte. Evolução, para não se deixar seduzir pela trama fantasmagórica. Morte (relativa), se permanecer nela.[10]

---

[10] Três curiosidades astronômicas:

1. Diferença entre **meteoro, meteoroide e meteorito**. As pessoas, em geral, fazem muita confusão principalmente entre o primeiro e o último. **Meteoro** é qualquer fenômeno que se produz na atmosfera terrestre, como vento, chuva, arco-íris, neve, granizo, aurora boreal, relâmpago, trovão, estrela cadente (que é o rastro luminoso produzido por um meteoroide em seu atrito com a atmosfera). **Meteoroide** é qualquer corpo rochoso ou metálico de pequenas dimensões que vaga pelo espaço e se torna incandescente ao entrar na atmosfera terrestre. **Meteorito** é o que sobra do meteoroide, ou seja, a parte que, não se desfazendo totalmente no atrito com a atmosfera, cai na superfície terrestre depois de haver produzido meteoro.

2. Antigamente, havia uma frase para ajudar as pessoas a memorizar o nome dos nove planetas e sua sequência – **M**ercúrio, **V**ênus, **T**erra, **M**arte, **J**úpiter, **S**aturno, **U**rano,

Destaques deste Capítulo

- O Sol teria se formado de uma nebulosa que se encontrava em um dos braços da Via Láctea e que se contraiu, expelindo os planetas de seu círculo equatorial. A Terra fez o mesmo com a Lua; e os outros planetas, com seus satélites.
- Emmanuel vê as mãos de Jesus trabalhando com amor, juntamente com seus Prepostos, nos fenômenos que deram nascimento ao nosso planeta.
- Todo esse arranjo extraordinário, trabalhado fase a fase, visa à edificação de zilhões de novas escolas para os seres da Criação, futuros habitantes dessas colmeias do Infinito.
- O homem vive num caleidoscópio cósmico cheio de fantasmagorias e ilusões, que o impede frequentemente de contemplar a verdade que se esconde por trás do mundo fenomenal. A própria matéria, que lhe parece tão sólida, é fictícia, porque a impressão de sua solidez é transmitida por vórtices energéticos em alta velocidade. Se esses vórtices esmorecerem, a

---

Netuno e **P**lutão –, quando Plutão ainda não tinha sido barrado no clube dos grandalhões: "**M**inha **V**ó **T**em **M**uitas **J**oias, **S**ó **U**sa **N**o **P**escoço".

3. Um artifício para visualizar o tamanho do **Sol**, da **Terra** e da **Lua** e suas distâncias respectivas é dividindo-os pelo fator um bilhão. Assim, o Sol teria 150 cm de altura e estaria a 150 m da Terra. A Terra teria 1,3 cm de diâmetro, ou seja, o tamanho de uma uva. A Lua, que é 50 vezes menor que a Terra, estaria a 30 cm de distância dela. O homem, nessa escala, seria do tamanho de um átomo. Só não me pergunte o tamanho do átomo.

matéria se desfaz em névoa e o homem irá apalpar o vácuo.

- A nave planetária sobre a qual se encontra instalado gira em altíssima velocidade em torno de seu eixo, do Sol e da galáxia, sem que ele se dê conta desse movimento vertiginoso. Diante desse fato, só lhe restam dois caminhos: evolução ou morte.

CAPÍTULO III

Fases planetárias

Allan Kardec

3. Do ensino dado pelos Espíritos, resulta que muito diferentes umas das outras são as condições dos mundos, quanto ao grau de adiantamento ou de inferioridade dos seus habitantes. Entre eles há os em que estes últimos são ainda inferiores aos da Terra, física e moralmente; outros, da mesma categoria que o nosso; e outros que lhe são mais ou menos superiores a todos os respeitos. **Nos mundos inferiores**, a existência é toda material, reinam soberanas as paixões, sendo quase nula a vida moral. À medida que esta se desenvolve, diminui a influência da matéria, de tal maneira que, nos mundos mais adiantados, a vida é, por assim dizer, toda espiritual.

4. **Nos mundos intermédios**, misturam-se o bem e o mal, predominando um ou outro, segundo o grau de adiantamento da maioria dos que os habitam. Embora se não possa fazer, dos diversos mundos, uma classificação absoluta, pode-se contudo, em virtude do estado em que se acham e da destinação que trazem, tomando por base os matizes mais salientes, dividi-los, de modo geral, como

segue: **mundos primitivos**, destinados às primeiras encarnações da alma humana; **mundos de expiação e provas**, onde domina o mal; **mundos de regeneração**, nos quais as almas que ainda têm o que expiar haurem novas forças, repousando das fadigas da luta; **mundos ditosos**, onde o bem sobrepuja o mal; **mundos celestes** ou **divinos**, habitações de Espíritos depurados, onde exclusivamente reina o bem. A Terra pertence à categoria dos mundos de expiação e provas, razão por que aí vive o homem a braços com tantas misérias.

5. Os Espíritos que encarnam em um mundo *não se acham a ele presos indefinidamente, nem nele atravessam todas as fases do progresso que lhes cumpre realizar, para atingir a perfeição*. Quando, em um mundo, eles alcançam o grau de adiantamento que esse mundo comporta, *passam para outro mais adiantado,* e assim por diante, até que cheguem ao estado de puros Espíritos. São outras tantas estações, em cada uma das quais se lhes deparam elementos de progresso apropriados ao adiantamento que já conquistaram. É-lhes uma recompensa ascenderem a um mundo de ordem mais elevada, como é um castigo o prolongarem a sua permanência em um mundo desgraçado, ou serem relegados para outro ainda mais infeliz do que aquele a que se veem impedidos de voltar quando se obstinaram no mal.[1]

---

[1] KARDEC, Allan. *O evangelho segundo o espiritismo,* 1. ed. Brasília: FEB, 2008, cap. III, "Há muitas moradas na casa de meu Pai", itens 3 a 5.

Comentários ao Capítulo III

Empregando uma imagem muito expressiva para esclarecer a realidade da reencarnação, Kardec sugere que mil indivíduos, de um a oitenta anos, fossem reunidos em determinado lugar, e seu passado fosse coberto aos olhos de um observador por um véu ou uma nuvem, levando-o a acreditar que todos tivessem nascido no mesmo dia. O observador se perguntará, naturalmente, por que uns são grandes e outros pequenos, uns velhos e outros jovens, uns instruídos e outros ignorantes. Mas se a nuvem que lhes oculta o passado vier a dissipar-se, o mistério se desfaz e ele saberá que as diferenças decorrem do fato de cada um haver nascido em uma época diferente, e nada mais.[1]

O mesmo ocorre com os planetas. Uns são primitivos, outros de provas e expiações, outros de regeneração, outros felizes e outros divinos porque foram formados em épocas distintas e, por isso, se encontram em estágios evolutivos diferentes. E assim como cada pessoa daquela alegoria vai passar ou passou pelas várias etapas da vida (infância, juventude, madureza, ancianidade), os planetas também percorrerão, cada um por seu turno, todas as fases mencionadas, até cumprirem a missão que lhes foi designada pela Providência. A Crosta terrestre, por exemplo, já foi mundo primitivo, hoje é de provas e expiações, amanhã será de

[1] KARDEC, Allan. *O livro dos espíritos,* 1. ed. Rio de Janeiro: FEB, 2006, cap. V, "Considerações sobre a pluralidade das existências".

regeneração, e assim sucessivamente, até atingir o estágio final de mundo divino.

Ao contrário do que pode parecer à primeira vista, os espíritos não precisam ficar migrando de um mundo para outro a fim de viver cada fase de sua evolução na fase correspondente de cada planeta, assim como um aluno não precisa mudar de escola cada vez que passa de ano; basta-lhe mudar de classe. É possível viver todas as fases no mesmo planeta, se a marcha evolutiva do ser consciente estiver sincronizada com a do mundo que habita. Mesmo sendo um espírito muito ativo, capaz de avançar mais rápido que seus semelhantes, ainda aí ele poderá ser transferido para uma esfera mais elevada de seu próprio mundo, pois a evolução em cada globo se processa de duas formas: horizontal e verticalmente.

De acordo com meu livro *As sete esferas da Terra,* publicado pela FEB, que foi elaborado com embasamento nos melhores autores sobre o tema, os planetas são convencionalmente divididos em sete esferas (e essa convenção foi estabelecida no plano espiritual), começando pelas mais primitivas, situadas em seu centro, e terminando pelas mais evoluídas, situadas em sua periferia. Cada uma dessas esferas se encontra em determinado nível evolutivo, constituindo sequência natural e lógica da que lhe seja inferior. Quando dizemos que a Crosta já foi mundo primitivo, hoje é de provas e expiações e amanhã será de regeneração, estamos nos referindo especificamente a uma das sete esferas do planeta (a terceira), que é a que habitamos.

Se o espírito que habita a Crosta for do tipo acomodado, irá avançar de acordo com as etapas sucessivas dessa esfera (evolução horizontal). Mas se ele for do tipo ativo e desejoso de crescimento espiritual, antecipar-se-á à evolução gradativa de sua esfera e será transferido, na época própria, para a esfera do mesmo globo imediatamente superior à sua, quando se tornar merecedor dessa promoção (evolução vertical). Nada impede, porém, que ele peça e receba autorização para habitar outros planetas, desde que sua transferência seja feita para o mesmo nível que habitaria na Terra se aqui permanecesse.

No tempo de Kardec ainda não estava desenvolvida essa visão de evolução horizontal e vertical que ocorre num mesmo planeta – e mesmo hoje ela não é muito conhecida –, por isso ele argumenta, com razão, que os espíritos não estão indefinidamente presos a um mesmo mundo nem têm obrigatoriamente de passar por todas as etapas que ele oferece. Aprendendo o máximo que um mundo pode lhes proporcionar, partem para o seguinte, até atingirem a perfeição. Podem também, por negligência, permanecer estacionados por longo tempo onde se encontram, ou ser relegados para mundos inferiores aos que habitam, quando se tornam obstinados no mal.

Destaques deste Capítulo

- Os planetas encontram-se em vários estágios de evolução: primitivo; provas e expiações; regeneração; felizes ou ditosos; celestes ou divinos.
- Os espíritos podem transitar por todas as fases num mesmo planeta ou migrar para outros, onde haja fases correspondentes. Há no mesmo planeta fases para a evolução horizontal (na mesma esfera) ou vertical (nas esferas superpostas).
- De acordo com revelações espirituais que constam da Doutrina Espírita, do Evangelho e do Apocalipse, a Humanidade habita a terceira esfera da Terra, denominada Crosta Terrestre. Abaixo de nós encontram-se a segunda esfera, Trevas, e a primeira, Abismo. Acima da Crosta temos o Umbral (quarta esfera), Arte, Cultura e Ciência (quinta), Amor Fraterno Universal (sexta) e Diretrizes do Planeta (sétima). Essa sugestiva nomenclatura foi revelada, em parte, no livro *Cidade no além*, escrito e ilustrado a oito mãos por Francisco Cândido Xavier, Heigorina Cunha, André Luiz e Lucius, publicado pelo IDE.

CAPÍTULO IV

Início da essência espiritual

Allan Kardec

O ponto de partida do Espírito é uma dessas questões que se ligam ao princípio das coisas e que fazem parte dos segredos de Deus. Não é permitido ao homem conhecê-las de maneira absoluta, só lhe sendo possível fazer a tal respeito algumas suposições e construir sistemas mais ou menos prováveis. Os próprios Espíritos estão longe de tudo saberem e, acerca do que não sabem, também podem ter opiniões pessoais mais ou menos sensatas.[1]

Sua Voz

Ao surgir da primeira centelha nos extremos limites do mundo dinâmico, saturado de passado e amadurecido ao máximo, estremece o universo memorado e pressago [cheio de memória e pressentimento]. A matéria tinha existido, a energia se movera, mas somente a vida saberia chorar ou gozar, odiar ou amar, escolher e compreender,

[1] KARDEC, Allan. *O livro dos espíritos,* 1. ed. Rio de Janeiro: FEB, 2006, questão 613.

compreender o universo e a Lei e pronunciar o nome do Pai: Deus. Nasce a vida; não a forma que agora vedes, mas o princípio que criará para si aquela forma qual veículo e meio de sua ascensão.

Naquele princípio que animará a primeira massa protoplasmática está o germe de todas as sucessivas e ilimitadas realizações da nova forma da Substância; acima, sempre mais alto, até às emoções e às paixões, está o germe do bem e do mal, de todo o vosso mundo ético e intelectual. A fuga eletrônica de um raio de sol tornar-se-á beleza e alegria, sensação e consciência.

[...]

Através de quão complexa cadeia de ciclos não deve passar a matéria, na sua íntima estrutura atômica, para chegar a poder produzir efeitos de ordem orgânica e psíquica! De quão grande número de movimentos cíclicos resulta o fenômeno da consciência humana![2]

---

2 UBALDI, Pietro. *A grande síntese*, 9. ed. São Paulo: Lake, cap. L, "Nas fontes da vida" e cap. XXVIII, "O processo genético do cosmos", respectivamente.

Comentários ao Capítulo IV

Tudo o que existe em todo o Universo, desde os universos físicos aos fluídicos e aos espirituais, desde a matéria à energia e ao espírito, desde as coisas visíveis, conhecidas pelo homem, às invisíveis que ele desconhece, tudo o que é, tudo o que está aparentemente parado ou em movimento, tudo o que pulsa e que vibra – nasce do Todo Universal. O Todo Universal é a substância primária, a matéria-prima, o plasma cósmico, o elemento primordial criado por Deus, a partir do qual Ele estenderá pelos universos sem fim os milhões de formas em que se manifestam as coisas, conscientes e inconscientes, o espectro prismático e infinito de tudo o que virá a existir. "Esse fluido universal, ou primitivo, ou elementar, sendo o agente de que o espírito se utiliza, é o princípio sem o qual a matéria estaria em perpétuo estado de divisão e jamais adquiriria as propriedades que a gravidade lhe dá."[1]

O Todo Universal é a argamassa de que se serve o pedreiro para erguer a sua construção, as tintas de que se serve o pintor para colorir a sua tela, as letras de que se serve o poeta para compor o seu poema, as cifras de que se serve o compositor para elaborar a sua sinfonia. O Todo Universal é o oceano infinito onde tudo começa, o princípio de tudo, depois do Princípio Principal, a Causa Cáusica de todas as coisas, que é Deus.

---

[1] KARDEC, Allan. *O livro dos espíritos,* 1. ed. Rio de Janeiro: FEB, 2006, questão 27.

Essa substância nasce neutra das mãos de Deus e voltará superconsciente ao Seu coração. É o nascedouro comum, a fonte original de tudo o que tem existência. Ela está sujeita às infinitas mutações e transmutações que irão compor, a seu tempo, todos os quadros do Infinito. Quando essa substância parte para a longa viagem de ida – a viagem de sua transubstanciação –, vai através das eras se consolidar na matéria, se purificar na energia, se espiritualizar no princípio psíquico, se conscientizar no espírito e se sublimar na superconsciência. É filha dileta de Deus, nasce de seu amor e de seu poder criador, porque, como ensina o Apóstolo Paulo, "tudo é dele, tudo é por ele, tudo é nele" (Romanos, 11:36); "é nele que temos a vida, o movimento e o ser" (Atos, 17:28).

Quando essa substância (após eternidades de eternidades, depois de proporcionar a existência de mundos e mundos em seus múltiplos tipos de manifestações e em seus vários estágios de evolução) apresenta amadurecimento suficiente para exteriorizar sinais de uma tênue manifestação de consciência, reconhecimento de um mundo externo diferente de seu mundo interior; quando ela principia a reconhecer-se como participante da torrente universal, então, nesse momento, Deus a anima – isto é, dá-lhe ânimo, alma –, visando a proporcionar-lhe o princípio do ser, para, mediante uma combinação sutilíssima, cuja essência só nas irradiações divinas se encontra, fazer dela essência espiritual, princípio primitivo do espírito em gérmen e destinado à sua formação.

Todo o Universo estremece, cheio de júbilo e encantamento, ao perceber o desabrochar em seu seio desses serezinhos – essas formas embrionárias de vida – ansiosamente esperados, após uma longa e quase infinita elaboração cósmica, porque da substância surgirá a matéria, da matéria surgirá a energia, e da energia surgirá, finalmente, essa nova floração, esses lampejos de consciência, essas miríades de pontículos de luz a coruscar como estrelinhas no oceano do Infinito, trazendo em si a matriz e a potência latente de se transformar em futuros criadores e condutores de universos.

Mas agora, nesse início humilde de ser apenas animado pela irradiação do Amor divino, essas pequeninas centelhas, ao serem utilizadas pelos Engenheiros Siderais na composição de novos mundos, só irão animar, por enquanto, a matéria e a energia, gerando e agregando em torno de si corpos de manifestação nesses mundos, dando início a agregações de ordem biológica e fluídica no grande concerto da sinfonia universal. São tenuíssimos raios de sol, mas com o poder de comandar o surgimento da vida em toda a sua exuberância e plenitude.

É o que veremos a seguir, ao tratarmos da composição dos planetas em suas fases primitivas, quando então essas crisálidas de consciência darão início a uma das mais belas etapas da Criação Universal – o deslumbrante alvorecer do espetáculo da Vida!

Destaques deste Capítulo

- Tudo o que existe no Universo nasce do Todo Universal, que é a substância primária, o fluido divino criado por Deus e que dá origem a todas as coisas, conscientes e inconscientes.
- A substância do Todo Universal, quando parte para sua longa viagem no tempo, vai através das eras se consolidar na matéria, se purificar na energia, se espiritualizar no princípio psíquico, se conscientizar no espírito e se sublimar na superconsciência.
- Quando essa substância manifesta sinais de exteriorização de consciência, Deus a anima ou lhe imprime o sopro da vida, para fazer dela princípio primitivo do espírito em gérmen ou essência espiritual.
- Esses lampejos de consciências embrionárias, animados pela irradiação do Amor divino, serão empregados pelos Engenheiros Siderais na composição de novos mundos, ao lado da matéria e da energia.

CAPÍTULO V

Os primeiros seres vivos

Emmanuel

A ciência do mundo não lhe viu [de Deus] as mãos augustas e sábias na intimidade das energias que vitalizam o organismo do Globo. Substituíram-lhe a providência com a palavra "natureza", em todos os seus estudos e análises da existência, mas o seu amor foi o Verbo da criação do princípio, como é e será a coroa gloriosa dos seres terrestres na imortalidade sem fim.

[...]

A atmosfera está ainda saturada de umidade e vapores, e a terra sólida está coberta de lodo e pântanos inimagináveis.

Todavia, as derradeiras convulsões interiores do orbe localizam os calores centrais do planeta, restringindo a zona das influências telúricas necessárias à manutenção da vida animal.

Esses fenômenos geológicos estabelecem os contornos geográficos do globo, delineando os continentes e fixando a posição dos oceanos, surgindo, desse modo, as grandes extensões de terra firme, aptas a receber as sementes prolíficas [fecundas] da vida.

[...]

E quando serenaram os elementos do mundo nascente, quando a luz do Sol beijava, em silêncio, a beleza melancólica dos continentes e dos mares primitivos, Jesus reuniu nas Alturas os intérpretes divinos do seu pensamento. Viu-se, então, descer sobre a Terra, das amplidões dos espaços ilimitados, *uma nuvem de forças cósmicas,* que envolveu o imenso laboratório planetário em repouso.

Daí a algum tempo, na crosta solidificada do planeta, como no fundo dos oceanos, podia-se observar a existência de *um elemento viscoso* que cobria toda a Terra.

Estavam dados os primeiros passos no caminho da vida organizada. Com essa *massa gelatinosa,* nascia no orbe o protoplasma [substância primordial dos organismos vivos, capaz de sentir e reagir a estímulos] e, com ele, lançara Jesus à superfície do mundo *o germe sagrado dos primeiros homens.*

[...]

Dizíamos que uma camada de *matéria gelatinosa* envolvera o orbe terreno em seus mais íntimos contornos. Essa matéria, amorfa [sem forma] e viscosa, era o celeiro sagrado das sementes da vida. O protoplasma foi o embrião de todas as organizações do globo terrestre, e, se essa matéria, sem forma definida, cobria a crosta solidificada do planeta, em breve a condensação da massa dava origem ao surgimento do núcleo, iniciando-se as primeiras manifestações dos seres vivos.

Os primeiros habitantes da Terra, no plano material, são as células albuminoides, as amebas e todas as organizações unicelulares, isoladas e livres, que se multiplicam prodigiosamente na temperatura tépida dos oceanos.

Com o escoar incessante do tempo, esses seres primordiais se movem ao longo das águas, onde encontram o oxigênio necessário ao entretenimento da vida, elemento que a terra firme não possuía ainda em proporções de manter a existência animal, antes das grandes vegetações; esses seres rudimentares somente revelam um sentido – o do tato, que deu origem a todos os outros, em função de aperfeiçoamento dos organismos superiores.[1]

Sua Voz

A onda gravífica investiu a matéria que, memoriada, respondeu ao íntimo apelo; a condensação foi atraída e caiu. *Caíram as miríades de germens da vida;* arrastados pelas chuvas, tornados mais pesados pela condensação, baixaram às águas quentes e vaporizantes dos oceanos. A protoforma da vida havia alcançado o seu berço; *a matéria havia recebido o sopro divino e devia agora viver.* E as águas, sobre as quais se movera o espírito de Deus, ficaram sendo a sede dos primeiros desenvolvimentos, que só mais tarde viriam a alcançar as terras emersas.

O íntimo sistema do primeiro gérmen estabilizou-se cada vez mais e fixou no seu ciclo novos elementos; complicou-

---

[1] EMMANUEL. *A caminho da luz,* Rio de Janeiro: FEB, 1975, cap. I, item "O verbo na criação terrestre"; cap. II, item "As formas intermediárias da natureza"; cap. I, item "O verbo na criação terrestre"; e cap. II, item "Os primeiros habitantes da Terra", respectivamente.

-se no seu íntimo metabolismo e agigantou-se; esboçou suas primeiras formas, que foram vegetais, simples algas marinhas; diferenciou as primeiras notas características das várias ramificações dos sistemas biológicos. Assim, da matéria, retomada no turbilhão dinâmico, animada de um novo impulso, *em forma de gérmen elétrico caído do céu,* nasceu a vida.

[...]

O gérmen do psiquismo desceu do céu como um relâmpago às entranhas da matéria, que o estreitou em seu seio num amplexo [abraço] profundo e o envolveu, *dando-lhe, tirado de si mesma, um corpo, uma vestimenta, a forma de sua manifestação concreta.*

[...]

Ora, a verdadeira vida não é uma síntese de substâncias proteicas, mas o princípio que esta síntese estabelece e guia. A vida não está na evolução das formas, mas na evolução do centro imaterial que as anima. A vida não está na química complexa do mundo orgânico, mas no psiquismo que a rege.

[...]

A célula já é um pequeno ser vivo que concentra todas as potencialidades da vida e as qualidades do organismo, porque se move, respira, se nutre (assimila e desassimila), cresce, escolhe, se reproduz, nasce e morre, sente o ambiente e sobre ele reage.[2]

---

[2] UBALDI, Pietro. *A grande síntese,* 9. ed. São Paulo: Lake, cap. LVIII, "A eletricidade globular e a vida"; cap. LIX, "Teologia dos fenômenos biológicos";

Allan Kardec

43. Quando a Terra começou a ser povoada?

“No começo tudo era caos; os elementos estavam confundidos. Pouco a pouco cada coisa tomou o seu lugar. Apareceram então os seres vivos apropriados ao estado do globo.”

44. De onde vieram os seres vivos para a Terra?

“A Terra lhes continha os germens, que aguardavam o momento favorável para se desenvolverem. *Os princípios orgânicos se congregaram desde que cessou a força que os mantinha afastados, e formaram os germens de todos os seres vivos.* Esses germens permaneceram em estado latente e inerte, como a crisálida e as sementes das plantas, até o momento propício à eclosão de cada espécie; *então, os seres de cada espécie se reuniram e se multiplicaram.”*

45. Onde estavam os elementos orgânicos, antes da formação da Terra?

“Achavam-se, por assim dizer, *em estado de fluido no espaço, no meio dos Espíritos, ou em outros planetas, esperando a formação da Terra para começarem uma nova existência em um novo globo.*”[3]

---

cap. LI, “Conceito substancial dos fenômenos biológicos”; e cap. LXIX, “A sabedoria do psiquismo”, respectivamente.

[3] KARDEC, Allan. *O livro dos espíritos,* 1. ed. Rio de Janeiro: FEB, 2006, questões 43 a 45.

André Luiz (Escritor espiritual), transcrevendo palavras de Calderaro

O princípio espiritual acolheu-se no seio tépido das águas, através dos organismos celulares, que se mantinham e se multiplicavam por cissiparidade [forma de reprodução assexuada em que um organismo unicelular se divide em dois organismos unicelulares semelhantes]. Em milhares de anos, fez longa viagem na esponja, passando a dominar células autônomas, impondo-lhes o espírito de obediência e de coletividade, na organização primordial dos músculos. Experimentou longo tempo, antes de ensaiar os alicerces do aparelho nervoso, na medusa, no verme, no batráquio, arrastando-se para emergir do fundo escuro e lodoso das águas, de modo a encetar as experiências primeiras, ao sol meridiano. Quantos séculos consumiu, revestindo formas monstruosas, aprimorando-se, aqui e ali, *ajudado pela interferência indireta das Inteligências superiores?* Impossível responder, por enquanto. Sugou o seio farto da Terra, evolucionando sem parar, através de milênios, até conquistar a região mais alta, onde conseguiu elaborar o próprio alimento.

[...]

[...] o princípio espiritual, desde o obscuro momento da criação, caminha sem detença para frente. Afastou-se do leito oceânico, atingiu a superfície das águas protetoras, moveu-se em direção à lama das margens, debateu-se no charco, chegou à terra firme, experimentou na floresta copioso material de formas representativas, ergueu-se do solo, contemplou os céus e, depois de longos milênios, durante os quais aprendeu a procriar, alimentar-se, escolher, lembrar e sentir, conquistou a inteligência... Viajou do simples impulso para a irritabilidade, da irritabilidade para a sensação, da sensação para o instinto, do instinto para a razão. Nessa penosa romagem, inúmeros milênios decorreram sobre nós. Estamos, em todas as épocas, abandonando esferas inferiores, a fim de escalar as superiores.[4]

Emmanuel

Decorrido muito tempo, eis que as amebas primitivas se associam para a vida celular em comum, formando-se as colônias de infusórios [organismos unicelulares com cílios ou pelos para locomoção e alimentação], de polipeiros [reunião de animais aquáticos, como águas-vivas, corais e anêmonas-do-mar], em obediência aos planos da construção definitiva do porvir, emanados do mundo espiritual onde todo o progresso da Terra tem a sua gênese.

Os reinos vegetal e animal parecem confundidos nas profundidades oceânicas. Não existem formas definidas nem expressão individual nessas sociedades de infusórios; mas, desses conjuntos singulares, formam-se ensaios de vida que já apresentam caracteres e rudimentos dos organismos superiores.

---

[4] LUIZ, André. *No mundo maior*, 7. ed. Rio de Janeiro: FEB, 1977, cap. 4, "Estudando o cérebro".

Milhares de anos foram precisos aos operários de Jesus, nos serviços da elaboração paciente das formas.

A princípio, coordenam os elementos da nutrição e da conservação da existência. O coração e os brônquios são conquistados e, após eles, formam-se os pródromos [primeiros elementos] celulares do sistema nervoso e dos órgãos da procriação, que se aperfeiçoam, definindo-se nos seres.

[...]

Os primeiros crustáceos terrestres [animais providos de crosta ou casca, como camarões e caranguejos] são um prolongamento dos crustáceos marinhos. Seguindo-lhes as pegadas, aparecem os batráquios [animais sem cauda, como rãs e sapos], que trocam as águas pelas regiões lodosas e firmes.

Nessa fase evolutiva do planeta, todo o globo se veste de vegetação luxuriante, prodigiosa, de cujas florestas opulentas e desmesuradas as minas carboníferas dos tempos modernos são os petrificados vestígios.[5]

Allan Kardec

24. Os primeiros seres orgânicos que apareceram na Terra foram os vegetais de organização menos complicada, designados em botânica sob os nomes de criptógamos, acotiledôneos, monocotiledôneos, isto é, liquens, cogumelos, mus-

[5] EMMANUEL. *A caminho da luz*, Rio de Janeiro: FEB, 1975, cap. II, itens "A elaboração paciente das formas" e "As formas intermediárias da natureza".

gos, fetos e plantas herbáceas. Absolutamente, ainda se não veem árvores de tronco lenhoso, mas, apenas, as do gênero palmeira, cuja haste esponjosa é análoga à das ervas.

Os animais desse período [período de transição entre o primário e o secundário], que apareceram em seguida aos primeiros vegetais, eram exclusivamente marinhos: primeiramente, polipeiros, raiados, zoófitos [corais, esponjas], animais cuja organização simples e, por assim dizer, rudimentar, se aproxima, no máximo grau, da dos vegetais. Mais tarde, aparecem crustáceos e peixes de espécies que já não existem.

[...]

31. Durante esse período [secundário], que há de ter sido muito longo, como o atestam o número e a pujança das camadas geológicas, a vida animal tomou enorme desenvolvimento no seio das águas, tal qual se dera com a vegetação no período que findara. Mais depurado e mais favorável à respiração, o ar começou a permitir que alguns animais vivessem em terra. O mar se deslocou muitas vezes, mas sem abalos violentos. Com esse período, desaparecem, por sua vez, aquelas raças de gigantescos animais aquáticos, substituídos mais tarde por espécies análogas, de formas menos desproporcionadas e de menor porte.

[...]

48. Uma vez restabelecido o equilíbrio na superfície do planeta, prontamente a vida vegetal e animal retomou o

seu curso. Consolidado, o solo assumiu uma colocação mais estável; o ar, purificado, se tornara apropriado a órgãos mais delicados. O Sol, brilhando em todo o seu esplendor através de uma atmosfera límpida, difundia, com a luz, um calor menos sufocante e mais vivificador do que o da fornalha interna. A Terra se povoava de animais menos ferozes e mais sociáveis; mais suculentos, os vegetais proporcionavam alimentação menos grosseira; tudo, enfim, se achava preparado no planeta para o novo hóspede que o viria habitar. *Apareceu então o homem, último ser da criação, aquele cuja inteligência concorreria, dali em diante, para o progresso geral, progredindo ele próprio.*

[...]

2. É esta a questão primordial que se apresenta: *cada espécie animal saiu de um casal primitivo ou de muitos casais criados, ou, se o preferirem, germinados simultaneamente em diversos lugares?*

Esta última suposição é a mais provável. Pode-se mesmo dizer que ressalta da observação. Com efeito, o estudo das camadas geológicas atesta, nos terrenos de idêntica formação, e em proporções enormes, a presença das mesmas espécies em pontos do globo muito afastados uns dos outros. *Essa multiplicação tão generalizada e, de certo modo, contemporânea, fora impossível com um único tipo primitivo.*[6]

---

[6] KARDEC, Allan. *A gênese,* 45. ed. Brasília: FEB, 2004, cap. VII, "Período de transição", item 23; cap. VII, "Período secundário", item 31; cap. VII, "Pe-

Sua Voz

Hoje, o período das formações biológicas é um passado transposto. Os seres que vedes, animais ou plantas, são tipos sobreviventes da evolução, vencedores na grande luta da vida. Não podeis observar a evolução, mas tão somente suas consequências. A elaboração presente é para outro nível.[7]

---

ríodo pós-diluviano, ou atual. – Nascimento do homem", item 48; e cap. X, "Formação primária dos seres vivos", item 2, respectivamente.

[7] UBALDI, Pietro. *A grande síntese,* 9. ed. São Paulo: Lake, cap. LXIX, "A sabedoria do psiquismo".

Comentários ao Capítulo V

O laboratório do ser! A gênese do psiquismo! O espetáculo da vida! Quanta beleza disseminada por todo o Universo!

Os primeiros lampejos de vida surgiram em nosso planeta há pouco mais de 3,6 bilhões de anos, um bilhão de anos, portanto, após o início de sua formação. Não há consenso entre os cientistas sobre o início da vida e muito menos sobre o que ela é. As definições e modelos apresentados são apenas aproximações da realidade e a questão permanece aberta a estudos mais profundos. Um dos passos fundamentais sobre o início da vida foi o surgimento das primeiras entidades microscópicas capazes de interagir com o ambiente. A formação das primeiras células foi um passo fundamental no mecanismo evolutivo. Transmitir a informação armazenada em sua interação com o meio, com a possibilidade de reprodução, criação e preservação de suas características, foi outra conquista notável. Essa replicação tornou a vida fervilhante, embora frágil, e a seleção natural fez o restante.

Há também uma hipótese científica alternativa, hoje um pouco esmaecida, denominada *panspermia*. Segundo essa hipótese, a vida não se originou na Terra, mas teria sido transportada pelo espaço (talvez por meteoritos), vinda de outros sítios do Universo, e aportado em nosso planeta em forma provável de esporos (células reprodutoras e replicadoras). E a razão dessa origem extraterrestre, segundo os cientistas, se fundamenta em que *o tempo decorrido desde a formação de nosso mundo até hoje não seria suficiente para a evolução da vida.* Há também mais duas razões para isso: primeira, já foi encontrada matéria de natureza orgânica em meteoritos que chegaram à Terra e, segunda, há organismos microscópicos resistentes o bastante para suportar uma viagem espacial até o nosso planeta, mesmo nas condições mais extremas. Essa teoria oferece uma explicação razoável para o aparecimento da vida na Terra, mas não de onde ou como teria surgido.

Há um leque de teorias científicas sobre a origem da vida neste orbe em que, de uma forma geral, a palavra Deus é substituída pela palavra Natureza, como bem observa Emmanuel. Essa visão materialista está bem caracterizada na resposta que o famoso cientista francês Pierre-Simon Laplace (1749-1827) deu a Napoleão Bonaparte (1769-1821), quando este, ao receber de suas mãos a obra *Mecânica celeste,* lhe perguntou sobre o papel de Deus na Criação: "Senhor, não necessitei dessa hipótese", respondeu Laplace com frieza.

A superfície da Terra mudou do elemento líquido para o sólido provavelmente nos primeiros 800 milhões de anos de sua formação. Aí começou sua história geológica. A atmosfera era composta de metano, amônia e outros gases, todos tóxicos à vida tal como a conhecemos hoje. Os fósseis mais antigos datam de aproximadamente 3,5 bilhões de anos e são constituídos de microfósseis e bactérias. Até há um bilhão de anos, os habitantes da Terra eram seres microscópicos que viviam isolados ou agregados em grandes colônias. O oxigênio surge a partir dos seres que elaboram a fotossíntese e logo substitui o gás carbônico na atmosfera, que a dominava até há 2 bilhões de anos. A partir daí aparecem os seres superiores multicelulares. A reprodução sexuada surgiu quando o oxigênio se tornou vital ao tipo de seres vivos que a produziam, os quais, logo em seguida, superaram os de reprodução assexuada. Vieram também os seres multicelulares de configuração simples, como algas e esponjas.

Passando de largo sobre um vasto período da História *sem história* e avançando bastante no turbilhão do tempo, chegamos à era Paleozoica, que durou cerca de 300 milhões de anos (de 540 milhões a 250 milhões de anos). Houve, no princípio dessa era, uma grande diversificação evolutiva dos animais e, no seu extremo oposto, a extinção de quase 90% de todas as espécies de animais marinhos, mas os grupos de animais e plantas do meio continental foram poupados em sua maioria; as causas desses eventos ainda não são bem conhecidas. Na vida vegetal, aparecem os primeiros sinais de plantas terrestres primitivas; ocorre o derretimento das calotas polares; surgem os insetos, as florestas, o ovo amniótico, que permite aos antepassados dos pássaros, mamíferos e répteis reproduzirem-se em terra, impedindo o ressecamento do embrião; erguem-se os Apalaches, na América do Norte, e os Urais, na Eurásia.

A era seguinte, Mesozoica, durou cerca de 200 milhões de anos (de 250 milhões a 65 milhões de anos). Essa foi a era dos dinossauros e assemelhados, que viriam a desaparecer mais tarde de modo misterioso, talvez, segundo a hipótese mais aceita, em decorrência da colisão de um asteroide com a Terra. Surgem os ascendentes dos animais mamíferos, as coníferas, as primeiras flores, e ocorre a separação da Pangeia (bloco continental único), dando origem aos derivantes continentes atuais.

A era Cenozoica começou há 65 milhões de anos e se estende até o presente. Dominam os mamíferos e a vegetação, e o clima tropical predomina; aparecem os campos e as pradarias. Surgem os Andes, os Alpes e o Himalaia. A América do Norte mantinha ligação com a Ásia pela região hoje interrompida pelo Estreito de Bering, o que explica a homogeneidade de fauna entre esses dois continentes. Ocorreram eras glaciais nesse período e apareceu uma ponte de terra que uniu as Américas, permitindo migrações de plantas e animais. Um pouco mais para o fim dessa era, surgem os hominídeos, em seguida o gênero *Homo* e suas várias espécies e, dentre eles, os *sapiens,* dos quais é descendente a Humanidade atual.[1]

Voltando um pouco na história e focando-nos agora na análise espiritual desses grandes acontecimentos, principalmente na origem da vida, vemos que, com a definição dos continentes e oceanos, o cenário está pronto para receber as sementes da vida. Essas sementes, segundo Emmanuel,

---

[1] WIKIPEDIA (Internet), "Evolução da vida e formação da Terra", texto condensado. Acesso em maio/2017.

desceram dos espaços ilimitados, conduzidas pelas mãos dos Biólogos espirituais, sob a aparência de "nuvem de forças cósmicas". Na crosta do planeta e no fundo dos oceanos surgiu então um "elemento viscoso" que cobria toda a terra e, com essa "massa gelatinosa", *nascia o protoplasma, e com ele "o germe sagrado dos primeiros homens"*. Essa "matéria gelatinosa", celeiro da vida, foi o embrião de todas as organizações e deu origem a todos os seres vivos, a começar, no plano físico, pelas células, isoladas e livres, que se multiplicaram prodigiosamente.

Sua Voz, mentor de Pietro Ubaldi, por sua vez, em várias dissertações profundas sobre o tema, adentra o âmago do fenômeno na obra citada, apresentando uma visão quântica da origem da vida, de que não falaremos aqui para não fugir à simplicidade desta exposição. Basta dizer que ele, reforçando os termos de tudo o que já foi exposto até agora, revela que os germens da vida flutuavam no ar e que, ao serem investidos pelas ondas da gravidade e ganharem peso, caíram aos milhares, baixando às águas quentes e vaporizantes dos oceanos, onde encontraram o berço ideal para o seu aperfeiçoamento e multiplicação. A matéria deu-lhes uma vestimenta para a sua manifestação concreta no plano físico e dessa abençoada simbiose nascem os seres aptos a mover-se, respirar, nutrir-se, crescer, reproduzir-se e morrer para renascer novamente até o infinito (capítulo LIX).

Quando Kardec pergunta às Entidades Superiores de onde vieram os seres vivos para a Terra, elas respondem que *a Terra lhes continha os germens,* aguardando apenas o momento favorável para se desenvolverem. Esses princípios psíquicos foram mantidos em estado de crisálida até a hora de sua eclosão, quando, então, um Poder Maior fez cessar a força que os mantinha separados e inertes, permitindo que cada espécie se manifestasse e multiplicasse. E mais: onde se encontravam esses elementos orgânicos antes da formação da Terra? *No espaço, em estado fluídico, no meio dos Espíritos ou em outros planetas*, esperando a hora adequada para serem utilizados quando da formação de um novo globo.

É significante essa resposta obtida pelo Codificador. Os germens que dariam início à vida na Terra *poderiam encontrar-se em estado fluídico no espaço, entre os Espíritos, ou em outros planetas,* à espera de serem utilizados por nosso Cristo Planetário ou por qualquer outro Cristo quando formasse o seu próprio orbe. Isto significa, em primeiro lugar, que os planetas são solidários entre si, fornecendo uns aos outros elementos em vários níveis de amadurecimento no tempo, necessários à sua composição; e que, em segundo lugar, a Terra estava composta até aquele estágio apenas por dois elementos – matéria e energia –; o terceiro elemento, necessário ao início da vida (o princípio psíquico) viria de sua atmosfera, onde se encontrava em suspensão, ou de orbes situados em outras regiões do espaço, trazido pelo Cristo Planetário.

Esse princípio espiritual, segundo anotações de André Luiz, fez uma longa viagem na Terra, por milhares e milhares de anos, começando pelo seio morno das águas e estagiando sucessivamente nos organismos celulares, na esponja, na medusa, no verme, no batráquio, continuando em sua marcha evolutiva constante e ascendente, até conseguir ganhar independência e produzir seu próprio alimento, caminhando sem detença para a frente. Abandonou o leito oceânico, moveu-se em direção à floresta, experimentou todas as suas formas representativas, animou milhares de espectros morfológicos e, depois de longos milênios, após haver aprendido a tatear, escolher, procriar, sentir e memorizar, conquistou o instinto (espécie de inteligência relativa), marchando sempre avante e abandonando os níveis inferiores para alcançar, de degrau em degrau, os superiores.

Analisando as hipóteses da origem das espécies animais, Kardec argumenta que a suposição mais provável é a de que *surgiram, não de um casal primitivo e único, mas de vários casais que germinaram simultaneamente em diversos lugares por todo o globo*. E alicerça suas observações no estudo das camadas geológicas, as quais comprovam a presença simultânea dessas espécies no mundo inteiro, concluindo que essa presença global seria impossível se a vida tivesse por nascedouro um único tipo primitivo.

Toda essa extraordinária marcha evolutiva, que durou bilhões de anos, tanto das espécies vegetais e animais quanto do planeta em seus aspectos geológico e ecológico, teria que culminar, como culminou, no surgimento de uma espécie que fosse o resultado final de toda a essência destilada nesse laboratório purificador multimilenar: *a espécie humana*. Apareceu então o homem, que, com toda a modéstia que lhe é peculiar, deu a si mesmo o nome de *sapiens* (sábio), o soberano de todos os reinos da Terra, monarca de todos os monarcas, a imagem de Deus, o rei da Criação, e, na outra ponta da corda, esse "bicho da terra tão pequeno" no dizer de Camões, ou seja: eu, você, nós, o tolo, o gênio, as comadres "tricotando" no caramanchão, o mendigo na sarjeta, o cara em pé ali na esquina...

Destaques deste Capítulo

- Os primeiros lampejos de vida surgiram em nosso planeta há pouco mais de 3,6 bilhões de anos, um bilhão de anos, portanto, após o início de sua formação. Eles poderiam também ter sido trazidos do espaço, por meio de meteoritos.
- Até há um bilhão de anos, os habitantes da Terra eram seres microscópicos que viviam isolados ou agregados em colônias. A reprodução sexuada surgiu quando o oxigênio se tornou vital ao tipo de seres vivos que a produziam.
- Houve no princípio da era Paleozoica uma grande diversificação evolutiva dos animais e, no seu final, a extinção de quase 90% de todas as espécies de animais marinhos.
- A era Cenozoica começou há 65 milhões de anos e se estende até o presente. Houve várias eras glaciais nesse

período e apareceram pontes de terra ligando continentes, permitindo migrações de plantas e animais. O *Homo sapiens* apareceu perto do final dessa era.

- De acordo com a visão espiritual, a vida surgiu de uma "nuvem de forças cósmicas" que, caindo sobre a crosta e os oceanos, deu origem ao protoplasma e, com ele, "ao germe sagrado dos primeiros homens".
- O princípio espiritual começou pelo seio morno das águas, estagiando sucessivamente por vários organismos animais, até conseguir ganhar independência, produzir seu próprio alimento, conquistar a inteligência e transitar dos níveis inferiores para os superiores.
- Kardec argumenta que as espécies animais surgiram não de um casal primitivo e único, mas de vários casais que apareceram simultaneamente em diversos lugares por todo o globo, culminando toda essa extraordinária saga evolutiva no aparecimento da espécie humana.

CAPÍTULO VI

Evolução pelos três reinos

Sua Voz

A evolução não é uma ascensão confusa, desordenada, caótica, mas é um movimento exatamente disciplinado, sem possibilidade de enganos ou imposições. A Lei tem seu ritmo absoluto e segundo ele nada avança senão por continuidade; é necessário existir, viver, experimentar, amadurecer, semear e colher sob íntima concatenação de causas e de efeitos.

O mundo pode vos parecer caótico, os seres misturados e largados ao acaso, mas não importa uma aparente confusão espacial quando cada ser traz inconfundivelmente inscrita a lei em sua própria natureza, e o caminho evolutivo não é espacial. O princípio é mais do que o movimento; é o que lhe traça a senda.

[...]

O princípio contém em embrião todas as formas possíveis; é o desenho em que se encontram todas as linhas do edifício, antes que qualquer pedra o assinale. A cada momento a criação se faz; alguma coisa emerge de um nada relativo, ou surge em ato o que estava latente no gérmen. Não existe o nada absoluto. O ser adquire uma forma nova, tomando-a como uma veste, meio de subir, um veículo que depois abandona. O conceito, o tipo, já estava prefixado e à espera, dentro do princípio que o próprio ser encerra em si, e de que é a manifestação. *Assim as individuações atravessam a série das formas das quais contêm o desenho.* Cada ser contém também o que será, a forma a que deverá chegar; contém em gérmen o esquema de todo o universo; não o ocupa, não o é todo, *mas nele se converte sucessivamente.*

[...]

Só entre graus afins é possível a passagem por continuidade. Existem universos contíguos do vosso, que o precedem e o superam, e somente isto torna possível a passagem ao longo da corrente. Não é contiguidade em sentido espacial mas no de afinidade, semelhança de caracteres, comunhão de qualidades, de trabalho, de possibilidades no caminho da evolução. Se do ponto de vista estático cada universo é um organismo completo em si mesmo, *como evolução eles se comunicam e os seres se deslocam ao longo deles, de Infinito a Infinito.*

Nas fases inferiores à vossa [matéria e energia], os seres sobem e descem [...] segundo um princípio de necessidade que não admite escolha. *Trata-se de um amadurecimento fatal que o ser realiza inconscientemente.* Mas, no vosso nível [espírito] aparece um *quid* [problema principal] novo; liberta-se um princípio mais amplo, que se chama livre-arbítrio, a livre escolha que surge paralela ao nascimento da consciência. *Podeis acompanhar ou não a evolução e com a velocidade que quiserdes.* É uma liberdade que preludiará a fase seguinte, em que a consciência humana atingirá novo vértice e conquistará a visão do absoluto.[1]

Emmanuel

Nessa altura, os artistas da criação inauguram novos períodos evolutivos, no plano das formas.

A Natureza torna-se uma grande oficina de ensaios monstruosos. Após os répteis, surgem os animais horrendos das eras primitivas.

Os trabalhadores do Cristo, como os alquimistas que estudam as combinações das substâncias, na retorta [vaso para destilações] de acuradas observações, analisavam, igualmente, a combinação prodigiosa dos complexos celulares, cuja formação eles próprios haviam delineado, executando, com as suas experiências, uma justa aferição de valores, prevendo todas as possibilidades e necessidades do porvir.

Todas as arestas foram eliminadas. Aplainaram-se dificuldades e realizaram-se novas conquistas. A máquina celular foi aperfeiçoada, no limite do possível, em face das leis físicas do globo. Os tipos adequados à Terra foram consumados em todos os reinos da Natureza, eliminando-se os frutos teratológicos [monstruosos] e estranhos,

---

1 UBALDI, Pietro. *A grande síntese,* 9. ed. São Paulo: Lake, cap. XXIX, "O universo como organismo, movimento, princípio".

do laboratório de suas perseverantes experiências. A prova da intervenção das forças espirituais, nesse vasto campo de operações, é que, enquanto o escorpião, gêmeo dos crustáceos marinhos, conserva até hoje, de modo geral, a forma primitiva, os animais monstruosos das épocas remotas, que lhe foram posteriores, desapareceram para sempre da fauna terrestre, guardando os museus do mundo as interessantes reminiscências de suas formas atormentadas.[2]

[2] EMMANUEL. *A caminho da luz,* Rio de Janeiro: FEB, 1975, cap. II, item "Os ensaios assombrosos".

Comentários ao Capítulo VI

Já sabemos que quando um planeta é formado, entram em sua composição elementos de três categorias: materiais ou físicos, energéticos ou fluídicos, psíquicos ou espirituais. Todos esses elementos têm origem na mesma substância neutra que, originalmente, compõe o Todo Universal, de onde parte o início de tudo. E se entram nessas três fases na formação de um planeta, é porque já passaram por transformações em sítios variados do Infinito, em outras aplicações universais, cada um deles estando verdadeiras eternidades distante dos outros em comparativo de evolução. Até a matéria, que é um dos estágios mais primitivos dessa substância, teve também o seu amadurecimento anterior em fases evolutivas ainda desconhecidas por nós, pois percorreu um longo caminho para se encontrar nesse estágio em que chegou e foi aplicada na Terra. Esses elementos, já bastante avançados no carreiro evolutivo, irão formar em nosso planeta os três reinos que conhecemos.

Matéria, energia e princípio psíquico, embora distintos, se aglutinam, interagindo em perfeita associação, para atingir a meta estabelecida pela Providência, conforme a parábola de Jesus sobre as três medidas de farinha com fermento que certa mulher (a Mãe Divina) escondeu, até ficar tudo levedado. É a evolução trifásica e tridimensional executada neste planeta e vivida neste ângulo do Universo. Através das eternidades, esses princípios passam na Terra pelos três reinos da Natureza, sob a vigilância dos Espíritos diretores encarregados de conduzi-los à sua meta, os quais continuam a manipulá-los (enquanto inconscientes) e protegê-los (quando conscientes) até quando alcançam o reino animal superior – o reino hominal –, deixando de fazê-lo somente quando seus protegidos atingem a perfeição e logram bastar-se a si mesmos, naquele ponto em que eles podem dizer, como o Cristo: *Eu e o Pai somos um.*

Embora a vida pareça caótica e sem meta a um observador menos atento, ela é conduzida por leis universais que levam seus integrantes ao perfeito cumprimento de sua destinação, porque agem na intimidade de cada um, onde estão insculpidas, não importando a posição que o ser ocupe no espaço e no tempo. Cada ser traz impresso em si um esquema universal, pelo qual avança e no qual se converte continuamente, à medida que se aperfeiçoa. Nesse "eterno" devenir vai gerando e habitando, no caso de nosso mundo, as formas minerais, vegetais e animais de maneira sucessiva, e que se estendem ao longo desse carreiro, atravessando todas as formas individuais das quais contém o desenho. *Mas só entre graus afins é possível a passagem por continuidade,* ou seja, "a natureza não dá saltos": o ser transita pela sucessividade de etapas contíguas, sem a mínima possibilidade de eliminar a passagem por qualquer uma delas, pois nenhuma é supérflua. Todos os universos se interpenetram e o ser irá se deslocar de um mundo para outro, durante a sua trajetória, *quando mudar de fase.* (A respeito dessa mudança de fase, veja a explicação mais à frente, nos Comentários ao Capítulo XII, item 5.)

Nos reinos inferiores (mineral, vegetal e animal), o princípio está submetido ao impulso natural das coisas, espécie de amadurecimento fatal e mecânico, e a um percurso regular que, em princípio, pode até ser cronometrado. Mas no reino hominal, com a liberação do princípio do livre-arbítrio, o espírito adquire o privilégio de regular a sua marcha, podendo imprimir-lhe lentidão ou velocidade de acordo com sua vontade soberana. Tudo se encadeia com perfeição na Natureza, não havendo senão uma linha contínua ligando todos os reinos, como bem comenta Kardec na questão 585 de *O livro dos espíritos,* dizendo que a matéria inerte que constitui o mineral só tem em si uma força mecânica; as plantas, já um passo à frente, são dotadas de vitalidade; os animais têm, além disso, uma espécie de inteligência instintiva, mas limitada; e o homem tem tudo o que existe nos três reinos inferiores e mais uma inteligência especial que lhe dá a consciência do seu futuro, a percepção das coisas espirituais e o conhecimento de Deus.

As rochas não são matéria sem "alma". Há no reino mineral um princípio magnético que congrega as moléculas da matéria, fazendo-as passar por todas as transformações e burilamentos existentes nesse reino, das rochas e aglomerados de composição mais simples às rochas e aglomerados mais complexos, ou seja, do lodo ao diamante. Quando esse princípio, após eternidades de evolução nesse reino, faz a transição para o reino vegetal, já adquire nessa nova fase, dentre outras grandes conquistas, flexibilidade, respiração, reprodução, frutificação. Quando, após outras eternidades, chega ao reino animal, ganha instinto, astúcia, movimentação, e se torna senhor de um psiquismo sofisticado, sorvido no vasto acúmulo de experiências adquiridas em sua passagem pelos reinos anteriores. Esse psiquismo já avançado se reveste, no reino animal, além do corpo físico, de um corpo energético denominado *envoltório fluídico.*

Sua Voz diz que, nas fases iniciais das formações orgânicas, a elasticidade do corpo cedeu à pressão do psiquismo interior, levando a forma a expressar esse poder que a empresava. Assim, na luta contínua pela sobrevivência, a planta estende o broto para se perpetuar e o espinho para se defender; abandona as sementes aladas ao vento para germinarem nos arredores ou as prende ao pelo dos animais para serem levadas ao longe; emprega a arte dos perfumes e a estética das cores, detendo o agressor quase reverente, o qual teme perturbar a harmonia divina. A Natureza utiliza todos os segredos da mecânica, da química, da eletricidade, apontando garras, asas, antenas, chifres, tenazes, bicos, dentes, ferrões; para sobreviver, usa a arte sutil dos venenos, da fosforescência, do hipnotismo, das ondas elétricas. Todas as descobertas humanas foram utilizadas antes pela Natureza.

Diz mais: o animal não é imoral, mas amoral, porque é feroz dentro de uma perfeita inocência. Ele sente por instinto que a bondade, no seu nível, seria fraqueza e erro. Conhece anatomia e química; sabe até mesmo anestesiar o inimigo para obter um alimento imobilizado mas vivo. A sabedoria nesse reino é tão profunda que certo tipo de besouro, que nasce sem vista, sem audição, sem olfato, com apenas um pouco de paladar e tato, o qual vive a furar e digerir um tronco de carvalho, se mostra de uma previdência assombrosa.

Ele apronta para si, antecipadamente, um caminho de saída, no tronco, que não poderia perfurar no estado de inseto perfeito; prepara, próximo à saída, uma cavidade para o seu amadurecimento ninfal; se encerra, nessa cavidade, com o corpo orientado em direção à saída, porque sem esta precaução o inseto adulto, todo encouraçado, não mais poderia se dobrar, para sair. Quanta coisa ele sabe por antecipação! De onde lhe pode advir essa ciência? Os cientistas não sabem responder.

Mas se a forma visível é um verme, este sintetiza, em seu psiquismo, o princípio que resume todas as formas de que o inseto se reveste e das quais se revestiu na vida, durante milênios; esse verme encerra no seu psiquismo a recordação de todas as experiências vividas quando na qualidade de inseto perfeito.

Em outros termos: o fenômeno está sempre potencialmente completo, mesmo nas suas fases de transição, pois que, ainda que a forma se modifique, o psiquismo animador está sempre presente, todo ele, nas suas sucessivas manifestações. No psiquismo, pois, estão os recursos dessa ciência, superior às aparências da forma. A ciência humana o chama de instinto, e não sabe explicar como possa haver, num instinto, racionalidade tão previdente.[1]

---

[1] UBALDI, Pietro. *A grande síntese,* 9. ed. São Paulo: Lake, cap. LXIX, "A sabedoria do psiquismo".

Não fosse essa experiência acumulada e amadurecida ao longo das eras, modeladora e condutora de todos os fenômenos que revestem fisicamente o ser em suas várias mutações ou alterações pelo tempo, como se explicaria a metamorfose, ou transformação, de uma lagarta em borboleta, passando pela fase pastosa e sem forma de crisálida, quando a primeira figura está de tal forma distante da terceira quanto um simples minhocuçu de uma águia-real? O registro permanente e automático realizado na memória psíquica do ser e modelador de todas as suas transfigurações é que lhe proporciona seguir sempre em frente com a segurança que os automatismos desse nível lhe conferem.

Destaques deste Capítulo

- Quando um planeta é formado, entram em sua composição elementos de três categorias: materiais, energéticos e psíquicos que, por estarem já avançados na esteira evolutiva, são trazidos de outros orbes do Universo em que ocorreu a desintegração atômica, entrando na composição dos três reinos do novo globo.
- Através das eternidades, esses princípios passam na Terra pelos três reinos da Natureza, sob a vigilância dos Espíritos diretores encarregados de conduzi-los à sua meta, os quais continuam a tutelá-los até quando alcançam o reino animal superior – o reino hominal.

- Cada ser traz impresso em si um esquema universal, pelo qual avança e no qual se converte continuamente, à medida que se aperfeiçoa, gerando e animando, no caso de nosso mundo, as formas minerais, vegetais e animais de maneira sucessiva, e que se estendem ao longo desse carreiro, atravessando todas as formas individuais das quais contém o desenho.
- O homem, *tendo tudo o que há nas plantas e nos animais,* domina todas as outras classes por uma inteligência especial, indefinida, que lhe dá a consciência do seu futuro, a percepção das coisas extramateriais e o conhecimento de Deus.

CAPÍTULO VII

Progressão animal

Erasto (Espírito), discípulo do Apóstolo Paulo

O cão, cuja inteligência superior entre os animais fez dele amigo e comensal do homem, será perfectível por si mesmo, por sua iniciativa pessoal? Ninguém ousaria sustentar isso, *porque o cão não faz progredir o cão,* e o mais adestrado entre eles sempre foi ensinado pelo seu dono.

Desde que o mundo é mundo, a lontra sempre construiu sua choça em cima da água, segundo as mesmas proporções e uma regra invariável; os rouxinóis e as andorinhas jamais construíram ninhos de modo diferente do que faziam seus pais.

Um ninho de pardais de antes do dilúvio, como um ninho de pardais dos tempos modernos, é sempre um ninho de pardais, feito nas mesmas condições e com o mesmo sistema de entrelaçamento de palhinhas e de fragmentos recolhidos na primavera, na época dos amores.

As abelhas e formigas, em suas pequenas repúblicas bem administradas, jamais mudaram seus hábitos de abastecimento, sua maneira de proceder, seus costumes, suas produções. A aranha, finalmente, tece a sua teia sempre do mesmo modo.

Por outro lado, se procurardes as cabanas de folhagens e as tendas das primeiras idades da Terra, encontrareis em seu lugar os palácios e os castelos da civilização moderna. O ouro e a seda substituíram as vestes de peles brutas. Enfim, a cada passo achais a prova da marcha incessante da Humanidade pela senda do progresso.

Desse progresso constante, invencível, irrecusável do Espírito humano, *e desse estacionamento indefinido das outras espécies animais,* haveis de concluir comigo que, se é certo que existem princípios comuns a tudo o que vive e se move na Terra: o sopro e a matéria –, não é menos certo que *somente vós, Espíritos encarnados, estais submetidos à inevitável lei do progresso, que vos impele fatalmente para diante e sempre para diante.*

Deus colocou os animais ao vosso lado como auxiliares, para vos alimentarem, para vos vestirem e vos ajudarem. Deu-lhes certa dose de inteligência porque, para vos auxiliarem, precisavam compreender, porém limitou essa inteligência aos serviços que devem prestar. Mas, em sua sabedoria, *não quis que estivessem sujeitos à mesma lei do progresso.* Tais como foram criados, *se conservaram e se conservarão até a extinção de suas raças.*[1]

---

[1] KARDEC, Allan. *O livro dos médiuns,* 1. ed. Brasília: FEB, 2008, cap. XXII, "Mediunidade dos animais", item 236.

Allan Kardec

591 – Nos mundos superiores as plantas são, como os outros seres, de natureza mais perfeita?

"Tudo é mais perfeito; *mas as plantas são sempre plantas, como os animais são sempre animais e os homens são sempre homens.*"

[...]

601 – Os animais estão sujeitos a uma lei progressiva, como os homens?

"Sim, e é por isso que nos mundos superiores, onde os homens são mais adiantados, *os animais também o são,* dispondo de meios de comunicação mais desenvolvidos. *Entretanto, são sempre inferiores e subordinados ao homem,* para o qual representam servidores inteligentes."

[...]

677 – Por que a Natureza se encarrega, por si mesma, de prover a todas as necessidades dos animais?

"Tudo trabalha na Natureza. Como tu, os animais trabalham, mas o trabalho deles, como a inteligência de que dispõem, se limita a cuidarem da própria conservação. *Eis por que, entre eles, o trabalho não resulta em progresso,* ao passo que, entre os homens, tem dupla finalidade: a conservação do corpo e o desenvolvimento da faculdade de pensar, que é também uma necessidade e o eleva acima de si mesmo.

"Quando digo que o trabalho dos animais é limitado ao cuidado da própria conservação, refiro-me ao objetivo com que trabalham. Entretanto, quando provêm às próprias necessidades materiais, eles se constituem, mesmo de forma inconsciente, em agentes dos desígnios do Criador, e o trabalho que executam não é menos importante para o objetivo final da Natureza, embora quase sempre não possais ver o seu resultado imediato."

[...]

593 – Podemos dizer que os animais só agem por instinto?

"Isso ainda é um sistema. É bem verdade que o instinto domina a maioria dos animais. Mas, não vês que muitos agem com vontade determinada? É que têm inteligência, embora limitada."

Comentário de Kardec: Além do instinto, não se poderia negar a certos animais a prática de atos combinados, que denotam vontade de agir em determinado sentido, conforme as circunstâncias. Há, pois, neles uma espécie de inteligência, mas cujo exercício se circunscreve quase exclusivamente aos meios de satisfazerem às suas necessidades físicas e de proverem à sua conservação. *Entre eles, não há nenhuma criação, nenhuma melhoria.*

Seja qual for a arte que admiremos em seus trabalhos, *fazem hoje o que faziam outrora, nem melhor, nem pior, segundo formas e proporções constantes e invariáveis.* O filhote, isolado dos outros de sua espécie, não deixa de construir o seu ninho de acordo com o mesmo modelo, *sem que tenha recebido ensino para isso.*

Se alguns são passíveis de certa educação, seu desenvolvimento intelectual, sempre fechado em estreitos limites, é devido à ação do homem sobre uma natureza maleável, *pois não há nenhum progresso que lhe seja próprio.* Mesmo esse progresso é efêmero e puramente individual, visto que, entregue a si mesmo, o animal não tarda a voltar aos limites traçados pela Natureza.

[...]

607 – Foi dito que a alma do homem, em sua origem, corresponde ao estado de infância na vida corporal, que sua inteligência apenas desabrocha e se ensaia para a vida. Onde o Espírito cumpre essa primeira fase?

"Numa série de existências que precedem o período a que chamais Humanidade."

607-a – Assim, poder-se-ia considerar a alma como tendo sido o princípio inteligente dos seres inferiores da Criação?

"Já não dissemos que tudo se encadeia na Natureza e tende para a unidade? É nesses seres, que estais longe de conhecer inteiramente, que o princípio inteligente se elabora, se individualiza pouco a pouco e se ensaia para a vida. É, de certo modo, um trabalho preparatório, como o da germinação, por efeito do qual o princípio inteligente sofre uma transformação e se torna Espírito. É então que começa para o Espírito o período da humanização e, com ele, a consciência do seu futuro, a distinção entre o bem e o mal e a responsabilidade dos seus atos, do mesmo modo que à infância sucede o período da adolescência, depois o da juventude e, finalmente, o da madureza. [...]."[2]

[2] Idem. *O livro dos espíritos,* 1. ed. Rio de Janeiro: FEB, 2006, questões 591, 601, 677, 593, 607 e 607-a.

Comentários ao Capítulo VII

Quantas espécies de animais há no mundo? A divergência é muito grande entre os cientistas que atuam nessa área e as cifras variam tanto quanto os estudos publicados nas revistas especializadas, indo de 3 milhões a 100 milhões. Alguns estudiosos, mais comedidos, chegaram à cifra de 8,7 milhões de espécies animais e 298 mil espécies de plantas. Acredita-se que 1,25 milhão de espécies tenham sido descobertas e classificadas desde que o cientista sueco Carl Linnaeus (1707-1778) instaurou, em meados do século XVIII, o sistema de taxonomia (ciência ou técnica de classificação) adotado até hoje. Segundo estudo realizado por cientistas da Universidade de Dalhousie, no Canadá, e da Universidade do Havaí, nos Estados Unidos, ainda não foram descobertas 86% das espécies terrestres e 9% das marinhas.[1]

Deixemos por instantes a classe científica mergulhada em suas laboriosas pesquisas e lancemos um olhar mais aprofundado no problema. Vamos usar de um recurso imaginário para simplificar a compreensão do sequenciamento das espécies animais e da viagem evolutiva que o ser psíquico faz por todas essas espécies, até chegar a pôr um pé no limiar do reino hominal.

Imaginemos uma régua de cem centímetros dividida em dez partes de dez centímetros cada uma. Imaginemos

[1] http://agencia.fapesp.br/cientistas_calculam_quantas_especies_existem/14383/– texto condensado, acesso em maio/2017.

agora que todas as espécies animais do mundo fossem reduzidas a apenas dez, e cada uma fosse situada em uma das partes dessa régua, começando pela espécie mais simples na primeira parte da régua e terminando pela mais complexa na sua última parte. Teríamos, assim, todas as espécies do mundo, de A a Z, assentadas sobre a régua e unidas sequencialmente como os elos de uma longa corrente.

Imaginemos por fim, apenas para argumentar, que o ser mais simples da escala animal fosse a simpática e tão útil minhoca, seguida do sapo, da arara, do cachorro, do cavalo... e terminando no chimpanzé (cujo desenho físico é o que mais se aproxima da configuração do homem e tem com este, em comum, 98% do DNA). Cada uma dessas espécies tem apenas dez apertados centímetros para apresentar pequenas variações morfológicas dentro de seu próprio tipo, em referência a bicos, garras, alterações de tamanho, variações de cor e certas habilidades diferenciais. Os milênios passarão *e todas as formas físicas dos animais permanecerão do mesmo jeito,* como o comprovam os fatos. *Como unidade morfológica ou espécie, portanto, o animal não progride, não muda,* embora haja sensíveis diferenças ocasionais entre os componentes dos grupos da mesma espécie (nos dez comprimidos centímetros que lhe pertencem), com ênfase em habilidades pontuais e rotativas, como o ganso que migra liderando seu bando no vértice do V; o líder da alcateia que planeja e executa o cerco à caça; a matriarca que conduz a coluna de elefantes por savanas e desertos até a lagoa distante etc.

Mas essas espécies estáticas estão escalonadas pela Providência Divina de tal forma que uma, ao suceder à outra na evolução animal, apresenta morfológica, fisiológica e psicologicamente um degrau quase imperceptível porém mais avançado que o degrau anterior. *O ser psíquico que passa sucessivamente por todas elas tem sempre algo novo a assimilar em cada uma dessas escalas ou espécies sequenciais a que obrigatoriamente está submetido, já que todas elas são solidárias no tempo e no espaço*. É como se essa linha evolutiva fosse uma escada de dez degraus que a essência espiritual teria de subir, degrau a degrau, até chegar ao topo. Embora as espécies (degraus) não mudem, o ser psíquico que passa de uma para a outra, sucessivamente, está sempre subindo, crescendo e aprendendo.

Vemos assim que mesmo que as espécies não progridam, cada espécie é levemente mais complexa que a anterior (porque foi estabelecida assim desde o princípio) e está aparelhada para acrescentar alguns *bits* a mais no *chip* do ser psíquico que vai animá-la e comandá-la em seu novo estágio. E o ser que passa por todas elas, à medida que vai acumulando esses *bits,* também vai crescendo e realizando, ainda que de forma inconsciente, um progresso incessante. É como se o corpo de cada espécie, por ser levemente mais complexo que o corpo da espécie antecedente, exigisse mais esforço do ser psíquico para ser comandado adequadamente, estimulando-o ao progresso. Como os cientistas estimam que existem 8,7 milhões de espécies animais no mundo, se imaginarmos uma régua de 8,7 milhões de centímetros e o ser saltando de centímetro a centímetro enquanto avança, perceberemos que o traçado da evolução, na prática, é uma linha suavemente serrilhada, contínua e permanente em toda a Natureza, cada dente de sua serrilha representando uma espécie. A régua (os corpos animais) não muda, mas o ser psíquico que passa por ela está em permanente mutação.

Eu disse que "é como se o corpo de cada espécie, por ser levemente mais complexo que o corpo da espécie antecedente, exigisse mais esforço do ser psíquico para ser comandado adequadamente, estimulando-o ao progresso". A ideia é essa, mas as palavras não são essas. Isto não significa que o corpo comande ou direcione a evolução do ser psíquico (como é óbvio), mas que, como diz Sua Voz no Capítulo VI deste livro, "O princípio contém em embrião todas as formas possíveis" e "cada ser contém também o que será, a forma a que deverá chegar; contém em gérmen o esquema de todo o universo; não o ocupa, não o é todo, mas nele se converte sucessivamente".

Falei de régua e de escada. Não se aborreça o leitor por eu usar ainda uma terceira figura, pois é preferível ser redundante a mal-compreendido. Imagine um rio bem largo, mas que, na parte rasa, permita sua travessia a pé por ter alpondras (pedras de passagem) que se alinham com pequenos intervalos de uma beira até a outra. Imagine, por fim, mais duas coisas: primeiro, que cada uma dessas alpondras seja uma espécie do reino animal e, segundo, que o passante que vai saltando de uma à outra seja o ser psíquico percorrendo o carreiro desse reino. Eis aí: as pedras não se alteram, mas o viajor, que se move ao longo delas, chega mais fortalecido e experiente ao outro lado do rio. É, com os devidos ajustes, o que disse há pouco Sua Voz, com estas palavras: *"Assim as individuações atravessam a série das formas das quais contêm o desenho"*. E é também o que disse Kardec: [...] *"Acompanhando-se passo a passo a série dos seres, dir-se-ia que cada espécie é um aperfeiçoamento, uma transformação da espécie imediatamente inferior"*. [...].[2]

Erasto argumenta de forma profunda e irrespondível que, desde as primeiras eras, o cão não faz progredir o cão; a lontra não muda sua maneira de construir a choça; andorinhas, rouxinóis e pardais sempre fizeram seus ninhos da mesma forma desde antes do dilúvio; abelhas e formigas não apresentam aperfeiçoamento em suas organizações, e a aranha continua tecendo sua teia sem variação. Mas, mudando o foco da água para o vinho, se compararmos a habitação do homem das cavernas com os deslumbrantes arranha-céus de Dubai; se cotejarmos as vestes de pele bruta que cobriam o corpo cabeludo dos habitantes da pré-história com os tecidos de seda debruados de fios de ouro que hoje adornam a pele acetinada dos poderosos, veremos o contraste chocante entre a ascensão evolutiva do ser humano (como corpo, mente e alma) e o imobilismo existente nas espécies animais (como corpo e técnica).

---

[2] KARDEC, Allan. *A gênese*, 45. ed. Brasília: FEB, 2004, cap. X, item 28.

Darwin – cuja obra principal, *A origem das espécies,* veio à luz em 1859, dois anos após *O livro dos espíritos* –, falou da evolução das espécies por meio da seleção natural e sexual, sob cujo mecanismo elas procederiam umas das outras. Sua teoria, porém, embora muito avançada para a época, não satisfez a todos os requisitos da ciência, tendo sido retrabalhada por outros cientistas, especialmente geneticistas, para explicar as pequenas alterações ocorridas entre espécies afins, como Darwin observou nas Ilhas Galápagos. Para completar sua teoria, diziam os cientistas, era preciso acrescentar-lhe a transmissão genética descoberta por Gregor Mendel (1822-1884). Entretanto, como sabemos hoje, nem essa solução resolveu todos os problemas.

O que faltou realmente ao grande gênio inglês, à luz da ciência espiritual, foi a dupla chave do *perispírito* e do *envoltório fluídico* (veja a seguir), disponibilizada por Allan Kardec na França, em *O livro dos espíritos* e *O livro dos médiuns,* publicados em 1857 e 1861, respectivamente (o livro de Darwin ficou, de forma equidistante, encravado entre os dois). Aí se encontra o segredo não só da evolução física do ser, mas acima de tudo psíquica, no que concerne, principalmente, à sua transição da *animalidade* à *humanidade,* passando pela *humanimalidade.*[3] Essa chave é o fio mitológico de Ariadne, o único instrumento habilitado, neste mundo, a guiar o homem através desse labirinto cha-

[3] Idem, *Revista espírita,* mai/1865, "Questões e Problemas – Manifestação do espírito dos animais". O termo *humanimalidade,* embora não esteja definido no texto, é de fácil compreensão intuitiva.

mado evolução, que tem incandescido, sem grandes resultados, o pensamento de cientistas de todas as nações nos últimos séculos.

Diz mais Erasto: Deus colocou os animais ao nosso lado para nos auxiliar e servir, deu-lhes uma certa dose de inteligência apenas suficiente ao atendimento de suas necessidades, *mas não quis que estivessem sujeitos à mesma lei de progresso a que está sujeito o homem*. Tais como foram criados – acrescenta – se conservaram e se conservarão *até à extinção de suas raças*.

E por que os animais não estão sujeitos à mesma lei de progresso a que está sujeito o homem? Porque a lei não permite que o princípio psíquico que, nas escalas inferiores, transita de uma espécie à outra, leve seu corpo à evolução (ele evolui, mas o corpo não se altera), ao passo que essa restrição não existe no nível humano: tanto o espírito humanizado progride à sua vontade como leva seu corpo a secundá-lo nessa marcha progressiva, bastando para isso comparar o peludo *Homo erectus* da antiguidade com o homem de glabro *aspectus* (isto é, quase sem pelos) da atualidade. Levado pelo espírito encarnado às culminâncias da evolução, o corpo humano perderá progressivamente as carnes, que serão reduzidas a simples película transparente e substituídas pelo sistema nervoso, até transformar-se, por fim, em um leve e diáfano perispírito.

Quando a Kardec as Entidades Superiores confirmam que os animais estão sujeitos a uma lei progressiva como os homens, elas se referem ao princípio psíquico que habita o animal e não ao seu corpo. Tanto isso é verdade que, entre os animais, o trabalho (ou seja, a batalha deles pela sobrevivência) não resulta em progresso *físico,* ao passo que entre os homens o trabalho tem dupla finalidade: *a conservação do corpo e o desenvolvimento da faculdade intelectiva.*

E por que, no homem, o desenvolvimento do corpo segue a reboque de seu desenvolvimento intelectivo, ao passo que o mesmo não ocorre no animal? Porque, no reino animal, o *envoltório fluídico* que reveste o princípio psíquico não está equipado para isso (é autolimitante, por encontrar-se aquém da *histogênese espiritual,* como revelará André Luiz no próximo capítulo), ao passo que, no reino hominal, o *perispírito* do espírito já goza dessa propriedade superior (é autoaperfeiçoável), como estudaremos também no próximo capítulo. Há no homem *a necessidade de progredir* que não existe no animal, como vemos na questão 774 de *O livro dos espíritos:* a atividade do animal não lhe traz progresso físico, ao passo que o homem progride por si.

O ser psíquico, em sua evolução universal, antes de qualificar-se para animar o homem, passa compulsoriamente por todos os reinos anteriores, dispostos pela Natureza. Aí o princípio espiritual se elabora, se individualiza e se ensaia para a vida. É um longo desabrochar que transforma o ser de princípio espiritual em psiquismo formado, a um passo de entrar no reino seguinte, superior, onde obterá capacidade para distinguir entre o bem e o mal e a ter responsabilidade de seus atos e consciência de seu futuro.

Finalmente, aprendemos com o Codificador que nos mundos superiores existem também plantas e animais, porém, mesmo estando em estágio superior ao de seus congêneres da Terra (Crosta), *as plantas são sempre plantas, os animais sempre animais e os homens sempre homens,* aqueles sempre inferiores e subordinados ao homem, para o qual representam servidores inteligentes.

Espero que, como eu, *o leitor também tenha ficado pasmo com essa informação.*

Se existem minerais, plantas e animais fluídicos nos mundos fluídicos, isto só pode significar uma coisa: que os elementos desses três reinos que existem hoje na Crosta *têm que necessariamente passar também por esses estágios nos mundos superiores antes de mudar de fase,* sob pena de haver solução de continuidade, ou quebra, no traçado contínuo da evolução. Ou seja: quando, no futuro, a Crosta terrestre se transformar em esfera fluídica, como deverá ocorrer quando entrar em sua fase de mundo feliz ou divino, os integrantes dos reinos mineral, vegetal e animal que existem hoje entre nós também estarão lá, em estado fluídico, gozando dos benefícios dessa nova fase. Um chimpanzé, por exemplo, do tempo do *Homo erectus* continuará vivendo, como macaco, essa vindoura fase fluídica de nosso planeta (daí a existência de animais nos mundos superiores), enquanto o seu conterrâneo *erectus* poderá não vivê-la na Crosta (como ocorrerá com alguns), caso tenha evoluído tão rápido que mereça ascender a esferas mais elevadas deste planeta, condizentes com seu nível evolutivo, ou a mundos mais avançados.

É uma dedução natural, embora possa parecer chocante a algumas pessoas que acreditam ser possível ao princípio magnético ou psíquico que anima uma pedra, uma planta ou um animal transitar, por evolução, de um reino a outro e chegar até mesmo a animar o próprio homem durante esses 4,7 bilhões de anos que a Terra viveu até hoje. Até uma parte da ciência achou muito restrito esse tempo para a elaboração da vida, como vimos nos Comentários ao Capítulo V, acreditando, por isso, que ela tenha vindo de fora. E os cientistas, com sua limitante visão materialista, estão se referindo à elaboração da *vida biológica* somente, cuja evolução é muito mais rápida e menos complexa que o desenvolvimento da *vida espiritual* ou, melhor, do princípio psíquico.

O tema é tão fascinante (e, diga-se de passagem, tão complexo) que até as Entidades Superiores se esquivaram de entrar em pormenores, por acharem ainda prematuro o momento, quando Kardec, ferindo o xis do problema, lhes propôs a questão 604 de *O livro dos espíritos:*

604 – Como os animais são sempre inferiores ao homem, mesmo os aperfeiçoados nos mundos superiores, *dever-se-á concluir que Deus criou seres intelectuais perpetuamente destinados à inferioridade,* o que não parece concordar com a unidade de vistas e de progresso que se notam em todas as suas obras?

"Tudo se encadeia na Natureza, por laços que ainda não podeis compreender. Assim, *as coisas aparentemente mais absurdas* têm pontos de contato que o homem jamais poderá compreender no seu estado atual. Poderá entrevê-los por um esforço da sua inteligência; mas, somente quando essa inteligência tiver alcançado seu pleno desenvolvimento e se tiver libertado dos preconceitos do orgulho e da ignorância, é que poderá ver claramente na obra de Deus. Até lá, suas ideias limitadas lhe farão ver as coisas sob um prisma mesquinho e acanhado. *Ficai certos de que Deus não pode contradizer-se e de que, na Natureza, tudo se harmoniza por meio de leis gerais que jamais se afastam da sublime sabedoria do Criador.*"

Esperávamos bem mais das Entidades Superiores, sempre benévolas e dispostas a nos esclarecer, mas parece que o nível de sua resposta é equalizado pelo nível de nossa ignorância. Muita luz faz o deserto e, no estágio humano, em vez de iluminar, ofusca. Por isso, elas desconversaram. Diante dessa ducha de água fria, nem é bom perguntar sobre certas questões mais profundas de nossa Doutrina, ainda não devidamente elucidadas, porque as Entidades, com palavras um pouco mais misericordiosas, poderão nos sugerir arregaçar as mangas e meter mãos à obra, em vez de só ficarmos perguntando, sem abdicar de nosso conforto.

Cabe-nos explicar, neste ponto, porque denominamos de *envoltório fluídico* o corpo energético do ser psíquico quando ainda em trânsito pelos reinos inferiores da Natureza, em contraste com *perispírito,* que é o corpo espiritual necessário ao espírito para deslocar-se pelos reinos superiores ao reino animal. Encontramos a expressão em Erasto, quando este, em comunicação dada na Sociedade Parisiense de Estudos Espíritas, comenta que o Sr. T... magnetizou seu cão e, em decorrência dessa magnetização, o matou, visto que "não há assimilação possível entre o nosso *perispírito* e o *envoltório fluídico* dos animais". A distinção feita por Erasto é de capital importância, porque denota que animal não tem perispírito, mas *envoltório fluídico,* que é apenas uma forma embrionária, primitiva e precursora do perispírito.[4]

Destaques deste Capítulo

- Segundo alguns cientistas, há cerca de 8,7 milhões de espécies animais e 298 mil espécies de plantas no mundo. Acredita-se que dessas, 1,25 milhão já tenham sido descobertas e classificadas, de acordo com o método do cientista sueco Carl Linnaeus.
- Sob o ponto de vista espiritual, como unidade morfológica ou espécie o animal não progride, não muda, embora haja sensíveis diferenças entre os componentes da mesma espécie. Mas o ser psíquico que passa sucessivamente por todas elas tem sempre algo novo a aprender em cada uma, progredindo sempre.
- Deus não quis que os animais estivessem sujeitos à mesma lei de progresso a que está sujeito o homem. No reino animal, o *envoltório fluídico* que reveste o

[4] KARDEC, Allan. *O livro dos médiuns,* 1. ed. Brasília: FEB, 2008, cap. XXII, "Mediunidade nos animais", item 236.

princípio psíquico não está equipado para levar o corpo do animal à evolução, ao passo que, no reino hominal, o *perispírito* do Espírito já goza dessa propriedade superior.

- Nos planetas mais evoluídos ou fluídicos existem minerais, plantas e animais superiores aos que existem na Terra, significando isso que os elementos de nosso planeta terão de passar por essa fase superior antes de mudarem de faixa evolutiva, ou seja, *o mineral se tornar planta, a planta, animal, e o animal, homem.*
- Kardec pergunta se, do fato de haver animais nos mundos superiores, deve-se concluir que Deus criou seres intelectuais perpetuamente destinados à inferioridade, e as Entidades espirituais se esquivam a dar uma resposta direta, dizendo que tudo se encadeia com perfeição na Natureza e que a inteligência humana precisa, primeiro, *se libertar dos preconceitos do orgulho e da ignorância* para, então, ver claramente na obra de Deus.
- *Envoltório fluídico* é o corpo energético simples, usado pelo animal durante sua evolução pelos reinos inferiores da Natureza. *Perispírito* é o corpo espiritual complexo, necessário ao espírito para deslocar-se pelos reinos superiores ao reino animal.

CAPÍTULO VIII

O nascimento do perispírito

André Luiz

METAMORFOSE E DESENCARNAÇÃO – [...] Em relação ao homem, *os mamíferos que se ligam a nós outros por extremos laços de parentesco,* em se desencarnando, agregam-se aos ninhos em que se lhes desenvolvem os companheiros e, qual ocorre entre os animais inferiores, nas múltiplas faixas evolutivas em que se escalonam, não possuem pensamento contínuo para a obtenção de meios destinados à manutenção de nova forma.

Encontram-se, desse modo, aquém da **histogênese espiritual** [histogênese: formação e desenvolvimento dos tecidos orgânicos], *inabilitados a mais amplo equilíbrio que lhes asseguraria ascensão a novo plano de consciência.* [...].[1] (Negrito do original)

[...]

INTERVENÇÕES ESPIRITUAIS – É assim que, atingindo os alicerces da Humanidade, *o corpo espiritual do*

---

1 LUIZ, André. *Evolução em dois mundos,* 4. ed. Rio de Janeiro: FEB, 1977, cap. XII, "Alma e desencarnação", subitem "Metamorfose e desencarnação".

homem infraprimitivo demora-se longo tempo em regiões espaciais próprias, sob a assistência dos Instrutores do Espírito, recebendo intervenções sutis nos petrechos da fonação para que a palavra articulada pudesse assinalar novo ciclo de progresso. [...].[2]

ELOS DESCONHECIDOS DA EVOLUÇÃO – Compreendendo-se, porém, que o princípio divino aportou na Terra, emanando da Esfera Espiritual, trazendo em seu mecanismo o arquétipo a que se destina, qual a bolota de carvalho encerrando em si a árvore veneranda que será de futuro, não podemos circunscrever-lhe a experiência ao plano físico simplesmente considerado, porquanto, através do nascimento e morte da forma, sofre constantes modificações nos dois planos em que se manifesta, razão pela qual *variados elos da evolução fogem à pesquisa dos naturalistas, por representarem estágios da consciência fragmentária fora do campo carnal propriamente dito, nas regiões extrafísicas, em que essa mesma consciência incompleta prossegue elaborando o seu veículo sutil,* então classificado como protoforma humana, correspondente ao grau evolutivo em que se encontra.[3]

[...] Assim como o aperfeiçoado veículo do homem nasceu das formas primárias da Natureza, *o corpo espiritual foi iniciado também nos princípios rudimentares da inteligência.* [...] O instrumento perispirítico do selvagem deve ser classi-

---

2 Idem, ibidem, cap. X, "Palavra e responsabilidade", subitem "Intervenções espirituais".

3 Idem, ibidem, cap. III, "Evolução e corpo espiritual", subitem "Elos desconhecidos da evolução".

ficado como protoforma humana, extremamente condensado pela sua integração com a matéria mais densa. Está para o organismo aprimorado dos Espíritos algo enobrecidos, como um macaco antropomorfo está para o homem bem-posto das cidades modernas. Em criaturas dessa espécie, a vida moral está começando a aparecer e o perispírito nelas ainda se encontra enormemente pastoso. Por esse motivo, permanecerão muito tempo na escola da experiência, como o bloco de pedra rude sob marteladas, antes de oferecer de si mesmo a obra-prima... Despenderão séculos e séculos para se rarefazerem, usando múltiplas formas, de modo a conquistarem as qualidades superiores que, em lhes sutilizando a organização, lhes conferirão novas possibilidades de crescimento consciencial. O instinto e a inteligência pouco a pouco se transformam em conhecimento e responsabilidade e semelhante renovação outorga ao ser mais avançados equipamentos de manifestação... O prodigioso corpo do homem na Crosta Terrestre foi erigido pacientemente, no curso dos séculos, *e o delicado veículo do Espírito, nos planos mais elevados, vem sendo construído, célula a célula, na esteira dos milênios incessantes...* [...] até que nos transfiramos de residência, aptos a deixar, em definitivo, o caminho das formas, colocando-nos na direção das esferas do Espírito Puro, onde nos aguardam os inconcebíveis, os inimagináveis recursos da suprema sublimação.[4]

[4] Idem. *Entre a terra e o céu*, 6. ed. Rio de Janeiro: FEB, 1978, cap. XXI, "Conversação edificante". (André transcreve conceitos do Ministro Clarêncio.)

Comentários ao Capítulo VIII

"A Terra é azul!". Com essa frase simples e vibrante, Yuri Gagarin (1934-1968), cosmonauta russo e primeiro homem a orbitar a Terra em 1961, comunicou ao mundo sua magnífica visão do nosso planeta a partir do espaço exterior. "O perispírito é um laço!", foi também a frase, uma espécie de *heureca!*, proferida por Kardec em sua obra principal, ao dar-se conta, em 1857, da extraordinária revelação que lhe fora trazida do Infinito pelas Entidades Superiores encarregadas de auxiliar o homem em sua evolução neste mundo.

Mas assim como a simplicidade expressiva do azul de Gagarin e do laço de Kardec não é suficiente para decifrar a grandeza da Terra e a complexidade do perispírito, também da mesma forma o homem do século XXI, com o olhar fixo nas estrelas, faminto de saber e sedento de evolução, não se satisfaz com a simples verbalização eufórica de um fato. Ele quer mais. Quer aprofundar-se na ciência do Cosmos e na ciência do Espírito, a fim de elevar-se à condição de um iluminado filho de Deus. A comunicação pioneira do fato foi apenas o detonador psíquico, o tiro de largada que o despertou de seu estupor e o colocou na trilha da pesquisa que o levará à conquista de tesouros fabulosos, ocultos nos filões auríferos da ciência e da espiritualidade. Quem se sentiu tocado pela exclamação de Gagarin, mergulhou na Cosmologia, e quem se sentiu tocado pela exclamação de Kardec, mergulhou na Codificação Espírita.

O perispírito é visto sob muitos ângulos, conhecido e definido sob variadas denominações, de acordo com a escola filosófica que o acolhe. Dentre os agrupamentos que o estudam, o Espiritismo é o que mais se aprofunda em sua análise, porque, além do meticuloso e grave estudo humano que realiza a seu respeito, vale-se também da contribuição das Entidades espirituais que o investigam no mundo invisível e disponibilizam a suma de suas observações aos espíritos encarnados por meio do fenômeno da mediunidade (veja-se, a esse respeito, os livros da Série André Luiz). Desses estudos unificados e harmonizados podemos destacar importantes linhas definidoras de sua constituição e estabelecer parâmetros que conduzam nossos estudos a um porto seguro e tranquilo nessa área.

Como vemos em nossa Doutrina – pela palavra de cultos e abalizados instrutores, cujas apreciações apresentamos aqui de forma condensada –, o perispírito não é um corpo de vaga neblina e sim organização viva a que se ajustam todas as células materiais.[1] É o laço que prende o Espírito ao corpo físico, uma espécie de envoltório semimaterial.[2] Esse invólucro semimaterial, que tem a forma humana, constitui para o Espírito um corpo fluídico, vaporoso, mas que, pelo fato de nos ser invisível no seu estado normal, não

---

1 LUIZ, André. *Missionários da luz,* 11. ed. Rio de Janeiro: FEB, 1978, Prefácio: "Ante os tempos novos".

2 KARDEC, Allan. *O livro dos espíritos,* 1. ed. Rio de Janeiro: FEB, 2006, Introdução, VI.

deixa de ter algumas das propriedades da matéria.[3] Tanto o corpo espiritual quanto o corpo físico têm origem no mesmo fluido primitivo, o fluido cósmico, mas a transformação molecular se opera de forma diferente em cada um: no primeiro, o fluido conserva sua falta de peso e suas qualidades etéreas; no segundo, ele é condensado e transformado em matéria palpável.[4] Suas moléculas giram em mais alto padrão vibratório, com movimentos mais intensivos que as moléculas do corpo carnal, daí porque o corpo da alma se modifica com mais rapidez e profundidade, expressando com fidelidade suas emoções, visto dispor de poderes plásticos mais avançados que a matéria.[5] Por ser preexistente ao corpo físico, é ele que molda, durante a gestação, os órgãos e glândulas deste.[6]

Assim como não há dois corpos físicos iguais, também não existem dois perispíritos iguais. Cada criatura vive num carro celular diferente, apesar das peças semelhantes, impostas pela lei das formas.[7] Esse corpo sutil possui em sua fisiologia vórtices ou centros de força, também conhecidos por chacras, que energizam as funções do organismo,

---

[3] Idem. *O livro dos médiuns,* 1. ed. Brasília: FEB, 2008, cap. I, "Há espíritos?", item 3.

[4] Idem. *A gênese,* 45. ed. Brasília: FEB, 2004, cap. XIV, "Formação e propriedades do perispírito", item 7.

[5] LUIZ, André. *Entre a terra e o céu,* 6. ed. Rio de Janeiro: FEB, 1978, cap. XIII, "Análise mental".

[6] Idem. *Os mensageiros,* André Luiz, 11. ed. Rio de Janeiro: FEB, 1978, cap. 49, "Máquina divina".

[7] Idem. *Entre a terra e o céu,* 6. ed. Rio de Janeiro: FEB, 1978, cap. XII, "Estudando sempre".

lembrando as regiões mais importantes do corpo terrestre. São eles: centro coronário, no alto da cabeça; centro cerebral, sobre a testa; centro laríngeo, sobre a garganta; centro cardíaco, sobre o coração; centro esplênico, sobre o baço; centro gástrico, sobre o estômago; e centro genésico, sobre a região do sexo.[8] Para a mente, o perispírito é uma cápsula mais delicada e suscetível de refletir-lhe a glória ou a viciação, em virtude dos tecidos rarefeitos de que se constitui.[9] Por fim, o perispírito, que é formado à base de matéria rarefeita, quando abandona o corpo físico pelo transcurso da morte, mobiliza trilhões de unidades unicelulares da esfera espiritual saturadas da vitalidade humana, o que explica os sofrimentos e angústias a que se veem submetidos alguns desencarnantes após a morte – aqueles que são muito apegados às sensações carnais.[10]

Vimos assim, a voo de pássaro, um traçado muito singelo do que é o perispírito. Como verificamos na parte expositiva deste capítulo, quando o princípio espiritual se prepara para transitar do reino animal para o hominal, seu envoltório espiritual também precisa transformar-se em perispírito, sob o comando contínuo, e não mais fragmentário, do pensamento do espírito. Esse magno acontecimento no trajeto evolutivo da alma ocorre no mundo

---

[8] Idem, ibidem, cap. XX, "Conflitos da alma".

[9] Idem. *Libertação,* 7. ed. Rio de Janeiro: FEB, 1978, cap. IV, "Numa cidade estranha".

[10] Idem. *Obreiros da vida eterna,* 9. ed. Rio de Janeiro: FEB, 1975, cap. XIX, "A serva fiel".

extrafísico, em que essa consciência incompleta, agora a caminho de sua completude, prossegue na elaboração de seu veículo sutil.

Tendo sua origem nos princípios rudimentares da inteligência, ele se apresenta pastoso no início de sua formação, e despenderá séculos e séculos para se rarefazer, por meio da conquista das qualidades superiores que lhe darão novas possibilidades de evolução e de crescimento consciencial. Esse prodigioso e delicado veículo do espírito vem sendo construído na esteira dos milênios até que, por sublimação, ele deixe o caminho da antropomorfia para atingir os alcândores das Almas já purificadas.

É nesse estágio de transição, entre o envoltório fluídico utilizado no reino animal e o surgimento do perispírito, que o ser se apresenta *naquele estado de inocência e ignorância* de que fala a nossa Doutrina: a infância espiritual (questão 115 de *O livro dos espíritos*). Já é possível perceber nele, por antecipação e em potencial, a consciência de seus atos, a faculdade do livre-arbítrio, a vida moral, a inteligência independente, o raciocínio, a responsabilidade. Dissolvem-se os instintos mais grosseiros oriundos das exigências da animalidade. Esse perispírito lhe dará condições de executar um progresso permanente pelos vários departamentos da casa do Pai, primeiro nos reinos fluídicos compatíveis com a substância de seu corpo espiritual (que para o espírito é matéria) e, segundo, nas esferas físicas, das primitivas às mais avançadas, onde ele realizará seus estudos, constantemente inspirado por seus Guias invisíveis, até atingir a perfeição.

Segundo André Luiz, enquanto o princípio psíquico não passa por essa transformação em seu envoltório fluídico, *encontra-se aquém da histogênese espiritual,* ou seja, o equipamento que lhe facultava contato quase direto com a carne no reino animal não está habilitado a permitir-lhe voos mais altos como o despertar da consciência e a vivência psicológica e intelectiva da fase nova que o espera, que é a vida livre e consciente, em estados e planos mais elevados.

"É assim que, atingindo os alicerces da Humanidade" – assevera André –, *"o corpo espiritual do homem infraprimitivo demora-se longo tempo em regiões espaciais próprias,* sob a assistência dos Instrutores do Espírito, recebendo intervenções sutis nos petrechos da fonação para que a palavra articulada pudesse assinalar novo ciclo de progresso".

Essas regiões espaciais próprias a que André se refere, onde o homem infraprimitivo se demora por longo tempo, são provavelmente as dimensões espirituais adequadas para essa transformação. Embora ele focalize apenas mudanças no aparelho fonador, é possível entender que, numa visão mais ampla dessa fase crucial da vida do espírito, as alterações sejam profundas e abranjam o envoltório fluídico do ser espiritual, em todas as suas manifestações, até que ele seja provido desse novo veículo apto a instrumentalizá-lo para a sua trajetória por todos os sítios do Infinito. Isso, porém, não impede que (focalizando agora apenas um detalhe do processo), entre uma encarnação e outra, esse veículo continue a ser aperfeiçoado no plano espiritual, para certos ajustes e calibragens necessários à sua adaptação ao meio em que esteja atuando. Talvez seja apenas a esse aspecto particular que André esteja se referindo.

Destaques deste Capítulo

- Dentre as várias escolas que estudam o perispírito, o Espiritismo é a que mais se aprofunda em sua análise, porque, além do estudo humano, conta com a contribuição das Entidades espirituais que o investigam no mundo invisível.
- Quando o princípio psíquico encerra sua passagem pelo reino animal, é transportado por seus Anjos tutelares às regiões superiores do mundo invisível, onde é submetido a uma longa e meticulosa operação espiritual a fim de apagar as impressões que lhe ficaram de seu contato forçado, quase direto, com a matéria durante suas encarnações no reino animal.
- É nesse estágio que o ser se apresenta *naquele estado de inocência e ignorância* de que fala a nossa Doutrina: a infância espiritual. Já é possível perceber nele, por antecipação, a consciência de seus atos, a faculdade do livre-arbítrio, a vida moral, a inteligência independente, o raciocínio, a responsabilidade.
- Esse perispírito lhe dará condições de executar um progresso permanente pelos vários departamentos da casa do Pai, primeiro nos reinos fluídicos e, segundo, nas esferas físicas, onde ele realizará seus estudos, sempre inspirado por seus Guias invisíveis.

CAPÍTULO IX

Evolução em regime aberto

Emmanuel

243 – Todos os Espíritos que passaram pela Terra tiveram as mesmas características evolutivas, no que se refere ao problema da dor?

– Todas as entidades espirituais encarnadas no orbe terrestre são Espíritos que se resgatam ou aprendem nas experiências humanas, após as quedas do passado, *com exceção de Jesus Cristo,* fundamento de toda a verdade neste mundo, *cuja evolução se verificou em linha reta para Deus,* e em cujas mãos angélicas repousa o governo espiritual do planeta, desde os seus primórdios.

[...]

277 – Os Espíritos elevados, como os profetas antigos, devem ser considerados como anjos ou como Espíritos eleitos?

– Como missionários do Senhor, junto à esfera de atividade propriamente material, os profetas antigos eram também dos "chamados" à luminosa sementeira.

Para a nossa compreensão, a palavra "anjo", neste passo, deve designar somente as entidades que já se elevaram ao plano superior, plenamente redimidas, onde são "escolhidos" na tarefa sagrada d'Aquele cujas palavras não passarão. *O Eleito, porém, é aquele que se elevou para Deus em linha reta,* sem as quedas que nos são comuns, sendo justo afirmar que *o orbe terrestre só viu um eleito, que é Jesus Cristo.*[1]

---

[1] EMMANUEL. *O consolador,* 7. ed. Rio de Janeiro: FEB, 1977, itens 243 e 277.

Comentários ao Capítulo IX

De acordo com a boa etiqueta, ninguém põe *smoking* ou roupa de gala para atravessar um lamaçal. Quem põe roupa de gala é para comparecer a uma recepção ou festa especial, compatível com o seu nível de apresentação. Ao receber o perispírito das mãos do Criador, por intermédio de seus Prepostos, o espírito está recebendo a vestimenta de gala, especial, que lhe facultará os meios de percorrer as infinitas províncias de seu novo reino com dignidade e satisfação. Ele somente deixará de usar esse envoltório quando, por evolução, se elevar a planos que lhe facultem a utilização exclusiva de seu veículo mental (corpo do espírito superior ao perispírito).

Esse é o ponto em que se encontra o nosso personagem neste momento de sua trajetória. Chegado ao estágio em que atinge o limiar da Espiritualidade consciente, ele é revestido de um perispírito adequado a esse novo nível de evolução – quando se lhe abrem as possibilidades imensas de desenvolvimento de um intelecto sem limites, onde vicejam a razão, o raciocínio, o livre-arbítrio, a intuição e a inspiração. O ser assim instrumentalizado inicia a sua evolução pelas esferas espirituais e fluídicas que envolvem cada mundo. Sempre acompanhado de forma invisível por seus Guias e por eles inspirado, deve trilhar o caminho do progresso, percorrendo as esferas, desde as mais inferiores às mais elevadas, até atingir a perfeição, quando então nula se torna sobre ele qualquer influência material ou inferior. Ao atingir a perfeição, ele se blinda contra qualquer tipo de queda, mas a evolução prossegue, porque *é-lhe necessário aprender a Ciência sideral,* que é tão infinita quanto o próprio Deus.

Quando, após ser investido do perispírito, ainda está principiando essa evolução como ser consciente e livre, tem de iniciar o percurso pelas terras atrasadas, os mundos primitivos, as esferas materiais, as primeiras moradas dos homens, onde se encontram encarnados os espíritos em provas e expiações, a fim de assimilar todos os ensinamentos que lhe possam propiciar essas inúmeras moradas da casa do Pai. Mas esse percurso, tanto pelas esferas inferiores quanto superiores, ele o faz sempre na qualidade de espírito, porque, pelo fato de ter sempre sido dócil e fiel à orientação de seus Protetores (evolução em regime aberto), prosseguiu em sua marcha sem detenças e sem decaídas, acumulando inteligência e sabedoria, sem necessidade de revestir-se da grosseira matéria física que, no reino hominal, é instrumento disciplinar de prova, expiação e regeneração. Basta-lhe, na evolução sob o regime aberto, o revestimento de seu corpo espiritual ou perispírito, que, para ele, é uma encarnação fluídica, sua primeira encarnação como ser pensante.

É o que podemos ver, com lúcida clareza, na questão 540 de *O livro dos espíritos,* que trata do espírito nessa fase inicial de evolução:

540 – Os Espíritos que exercem ação nos fenômenos da Natureza agem com conhecimento de causa, em virtude do livre-arbítrio, ou por impulso instintivo e irrefletido?

"Uns sim, outros não. [...] *Enquanto se ensaiam para a vida,* antes que tenham plena consciência de seus atos e de seu livre-arbítrio, atuam em certos fenômenos, dos quais são agentes, mesmo de forma inconsciente. Primeiramente, executam; mais tarde, *quando suas inteligências estiverem mais desenvolvidas, comandarão e dirigirão as coisas do mundo material; mais tarde ainda, poderão dirigir as do mundo moral.* É assim que tudo serve, tudo se encadeia na Natureza, *desde o átomo primitivo até o arcanjo, que também começou pelo átomo.* Admirável lei de harmonia, da qual o vosso Espírito limitado ainda não pode abranger o conjunto."

Esse caminho, que alguns consideram, de forma equívoca, isento de tribulações, é percorrido obrigatoriamente por todos os que foram revestidos de perispírito, após receberem as primeiras noções do precioso dom do livre-arbítrio, mas nele só permanecem os que aplicarem com total responsabilidade essa nova e perigosa faculdade até atingirem a sua plenitude. Da categoria dos que seguiram a estrada retilínea, só existe um exemplo no planeta Terra: Jesus. Jesus se conservou puro e fiel a seus mentores desde a aquisição do perispírito até atingir a perfeição sideral, quando, conforme vimos em nossa Doutrina, nenhuma falha ou queda é mais possível. No nosso planeta, Jesus é a maior essência depois de Deus, mas não é a única no Universo, porque semelhante a Ele há essa infinidade de Espíritos puros e superiores – os Cristos Planetários, Solares e Galácticos – que formaram e governam os infinitos globos, sistemas, constelações e galáxias que povoam os Espaços.

Emmanuel afirma que *Jesus evoluiu em linha reta para Deus* e, por isso, o governo espiritual do planeta, que Ele mesmo formou por determinação do eterno Pai, repousa em suas mãos angélicas. Todos os que habitam a Terra estão em processo de resgate individual e coletivo. Jesus é a única exceção, pois, sendo Ele o Modelo e Guia da Humanidade, se sofreu, quando por aqui passou há dois mil anos, o fez voluntariamente, apenas para mostrar ao decaído gênero humano, a quem Ele ama e por quem deu a própria vida, o caminho de seu reerguimento e regeneração espiritual. E por ter-se erguido até o Criador de forma contínua, sem máculas de qualquer espécie, Ele pode também ser chamado de Eleito entre os Escolhidos. Enquanto o Escolhido é aquele que se redimiu e se tornou Emissário do Senhor, *Jesus nunca precisou de redenção* e, por isso, é "justo afirmar que o orbe terrestre só viu um eleito, que é Jesus Cristo".

O fato de a Humanidade terrena ser constituída somente de espíritos decaídos e Jesus ser a única exceção pode levar um observador afoito a concluir que esse sistema não funciona, pela desproporção entre vencedores e vencidos no carreiro da evolução. Mas a objeção não prospera. A Crosta terrestre, plano de provas e expiações, é a penitenciária desse ângulo de Universo que conhecemos; para aqui foram trazidos, de vários planetas, todos os falidos necessitados de recuperação. É uma penitenciária abençoada (pois que proporciona a regeneração dos que se equivocaram na marcha evolutiva), onde o único que não está preso é o seu Diretor. Se considerarmos que entre bilhões de mundos do Infinito apenas alguns são prisões como a nossa, fica fácil compreender a infinidade de mundos felizes e de espíritos vencedores que já participam da sinfonia universal, enquanto nós permanecemos aqui, aferrados à nossa voluntária ignorância, rolando "eterna e inutilmente" uma pesada rocha morro acima, como se fôssemos aquela famosa figura da mitologia.

Além disso, é preciso destacar que quando falamos em penitenciária, estamos nos referindo apenas à Crosta terrestre, que é uma das sete esferas da Terra. As esferas superiores deste planeta são habitadas somente por espíritos iluminados e luminosos, podendo ser classificadas como estágios de mundos de regeneração, felizes e divinos, constituindo, essas esferas superiores, a parte mais ampla e espiritualmente povoada de nosso globo.

Destaques deste Capítulo

- Ao receber o perispírito das mãos do Criador, por intermédio de seus Prepostos, o espírito está recebendo a vestimenta de gala que lhe facultará os meios de percorrer as infinitas províncias de seu novo reino com dignidade e satisfação.
- O ser assim instrumentalizado inicia a sua evolução pelas esferas espirituais e fluídicas que envolvem cada mundo. Sempre acompanhado de forma invisível por

seus Guias e por eles inspirado, deve trilhar o caminho do progresso, percorrendo as esferas, desde as mais inferiores às mais elevadas, até atingir a perfeição.

- Sempre dócil e fiel à orientação de seus Protetores, prossegue em sua marcha sem detenças e sem decaídas, acumulando inteligência e sabedoria, sem necessidade de revestir-se da grosseira matéria terrestre que, no reino hominal, é instrumento disciplinar de prova, expiação e regeneração.
- Da categoria dos que seguiram a estrada retilínea, só existe um exemplo no planeta Terra, que é Jesus. Jesus se conservou puro e fiel a seus mentores desde a aquisição do perispírito até atingir a perfeição sideral.
- Emmanuel assevera que *Jesus evoluiu em linha reta para Deus* e, por isso, o governo espiritual do planeta, que Ele mesmo formou por determinação do eterno Pai, repousa em suas mãos angélicas.

CAPÍTULO X

Evolução em regime fechado

Emmanuel

248 – Como se verifica a queda do Espírito?

– Conquistada a consciência e os valores racionais, todos os Espíritos são investidos de uma responsabilidade, dentro das suas possibilidades de ação; porém, *são raros os que praticam seus legítimos deveres morais,* aumentando os seus direitos divinos no patrimônio universal.

Colocada por Deus no caminho da vida, como discípulo que termina os estudos básicos, a alma nem sempre sabe agir em correlação com os bens recebidos do Criador, *caindo pelo orgulho e pela vaidade, pela ambição ou pelo egoísmo, quebrando a harmonia divina pela primeira vez e penetrando em experiências penosas,* a fim de restabelecer o equilíbrio de sua existência.

249 – A queda do Espírito somente se verifica na Terra?

– A Terra é um plano de vida e de evolução como outro qualquer, e, *nas esferas mais variadas, a alma pode cair, em sua rota evolutiva,* porquanto precisamos compreender que a sede de todos os sentimentos bons ou maus, superiores ou indignos, reside no âmago do espírito imperecível e não na carne que se apodrecerá com o tempo.[1]

Allan Kardec

120 – Todos os Espíritos passam pela fieira do mal para chegar ao bem?

"Não pela fieira do mal, mas pela da ignorância."

121 – Por que é que alguns Espíritos seguiram o caminho do bem e outros o do mal?

"Não têm eles o livre-arbítrio? Deus não criou Espíritos maus; *criou-os simples e ignorantes,* isto é, com igual aptidão para o bem e para o mal. *Os que são maus, assim se tornaram por sua vontade."*

122 – Como podem os Espíritos, em sua origem, quando ainda não têm consciência de si mesmos, ter a liberdade de escolher entre o bem e o mal? Há neles um princípio, uma tendência qualquer que os leve mais para um caminho do que para outro?

"O livre-arbítrio se desenvolve à medida que o Espírito adquire a consciência de si mesmo. Já não haveria liberdade se a escolha fosse determinada por uma causa independente da vontade do Espírito. A causa não está nele, mas fora dele, nas influências a que cede em virtude da sua livre vontade. *Esta é a grande figura da queda do*

---

[1] EMMANUEL. *O consolador,* 7. ed. Rio de Janeiro: FEB, 1977, itens 248 e 249.

homem e do pecado original: uns cederam à tentação, outros resistiram."

[...]

262 – Como pode o Espírito que, em sua origem, é simples, ignorante e sem experiência, escolher uma existência com conhecimento de causa e ser responsável por essa escolha?

"Deus lhe supre a inexperiência, traçando-lhe o caminho que deve seguir, como fazes com uma criança, desde o berço. Contudo, pouco a pouco, à medida que o seu livre-arbítrio se desenvolve, Ele o deixa livre para escolher *e só então é que muitas vezes o Espírito se extravia, tomando o mau caminho, por não ouvir os conselhos dos bons Espíritos*. É a isso que se pode chamar *a queda do homem*."

[...]

124 – Uma vez que há Espíritos que, *desde o princípio, seguem o caminho do bem absoluto e outros o do mal absoluto,* haverá, talvez, gradações entre esses dois extremos?

"Sim, certamente, e constituem a grande maioria."

125 – Os Espíritos que seguiram o caminho do mal poderão chegar ao mesmo grau de superioridade que os outros?

"Sim, mas *as eternidades* serão mais longas para eles."

Comentário de Kardec: Por estas palavras – *as eternida-*

des – deve-se entender a ideia que os Espíritos inferiores fazem da perpetuidade de seus sofrimentos, cujo termo não lhes é dado ver, ideia que se renova em todas as provas nas quais sucumbem.

126 – *Os Espíritos que chegaram ao grau supremo de perfeição, depois de terem passado pelo mal,* aos olhos de Deus têm menos mérito do que os outros?

"Deus contempla os transviados com o mesmo olhar e os ama a todos com o mesmo coração. Eles são chamados maus porque sucumbiram; antes não eram mais que simples Espíritos."

[...]

122-b – Tal influência [a do bem e do mal] só se exerce sobre o Espírito em sua origem?

"Ela o segue na sua vida de Espírito, até que haja conseguido *tanto império sobre si mesmo,* que os maus Espíritos desistem de obsidiá-lo."[2]

Sua Voz

Assim o vosso mundo humano [...] contém e é atravessado por seres que sobem e descem; que, provindos das formas inferiores de vida mais próximas de [reinos infra-humanos], se adiantam trabalhando duramente na cria-

[2] KARDEC, Allan. *O livro dos espíritos,* 1. ed. Rio de Janeiro: FEB, 2006, questões 120, 121, 122, 262, 124, 125, 126 e 122-b.

ção do próprio eu espiritual; ou que, *decaídos de superiores formas de consciência,* se entregam à ruína, abusando do poder alcançado. Há quem retrocede e quem progride; quem acumula valores e quem os desperdiça; quem para indolente, preferindo o ócio ao empreendimento do fatigante labor de seu próprio progresso. Daí a grande variedade dos tipos, de raças, do mundo.

Eis a substância de vossas vidas. Sois sombras que andam; consciências em construção ou em desfazimento; estais todos a caminho e cada um, com a voz de sua alma diversa da [voz] das outras, luta, se agita, semeia e colhe; *lança livremente com as próprias ações a semente de onde nascerá depois o seu inexorável destino.*

Livre é em vosso nível a escolha dos atos e das sendas, livre a escolha das causas; isso vo-lo concede a vossa madureza de moradores da fase A [psíquica]; *mas não é livre a escolha das séries das reações e dos efeitos, que vos são impostos inexoravelmente pela Lei.* Cada escolha vos prende ou vos liberta, e a faculdade de escolher e de dominar aumenta com a capacidade e com o merecimento que lhes garantem o bom uso.

É assim que o determinismo da matéria gradualmente evolui no livre-arbítrio da consciência, à medida que esta se desenvolve. O livre-arbítrio não é um fato constante e absoluto, como dizem as vossas filosofias, em conflito insolúvel com o determinismo das leis da vida, mas é um fato progressivo e relativo ao diferente nível que cada um atingiu. É assim que, não obstante a vossa liberdade, o traçado da evolução permanece inviolável, pois aquela liberdade é relativa como sois vós, e vossas ações nada podem alterar senão o que diz respeito a vós mesmos.[3]

[3] UBALDI, Pietro. *A grande síntese,* 9. ed. São Paulo: Lake, cap. XXIX, "O universo como organismo, movimento, princípio".

Comentários ao Capítulo X

Neste capítulo trataremos especialmente da *queda do espírito,* expressão tristemente célebre, empregada por muitos autores e por outros repudiada, que retrata com crueza e realidade o estado espiritual de todos os habitantes da Terra, em suas esferas inferiores, e de outros mundos de mesmo nível. Eu, você, os reis e rainhas do mundo todo, os astros famosos e a beldades inesquecíveis, os líderes religiosos e as sacerdotisas e vestais, os médiuns e os que não são intermediários, os santos e as prostitutas, as beatas e os pecadores, todos os que habitamos a Terra, repito, falimos, não fomos fiéis nem dóceis à inspiração de nossos Guias e, por isso, trazemos na testa, impressa a fogo, de forma indelével e invisível, a marca, o labéu, o ferrete de nossa traição, felonia, desonra e indignidade em nosso relacionamento com o Pai.

Todos fomos colocados por Deus no caminho da vida consciente, após a conquista da consciência e dos valores racionais, e revestidos de uma responsabilidade compatível com nosso grau de evolução, e todos deixamos de praticar os nossos deveres morais e as obrigações com que nos comprometemos na Casa da Eternidade. Quebrando a harmonia divina, caímos por orgulho, por vaidade, por ambição e por egoísmo, sendo obrigados, assim, a deixar as veredas espirituais que trilhávamos para nos revestir da matéria grosseira – corpo de chumbo a constranger-nos o corpo espiritual de neve –, baixando às experiências penosas que nos reconduzirão, com o tempo, à nossa própria redenção.

Desde que recebemos a preciosa dádiva do perispírito até atingirmos a perfeição no Infinito, quando então ficamos isentos de quaisquer falências espirituais, a nossa marcha evolutiva pode se processar em linha reta para Deus, como ensina Emmanuel. Mas se fizermos ouvidos surdos a nossos Guias e nos deixarmos enodoar pelos maus sentimentos do orgulho, da vaidade, da ambição e do egoísmo (principais vícios da alma, sem esquecer o varejo), podemos cair em qualquer uma das etapas desse caminho, desde o seu início até as suas etapas mais avançadas antes da perfeição, recebendo então o disciplinamento da lei, que é justa, de acordo com a causa da queda e o nível de nosso discernimento espiritual quando ela ocorreu.

Se cairmos numa etapa inicial e a falha não for grave, podemos ser levados a encarnar num planeta onde as condições de reerguimento sejam suaves, de acordo com a misericórdia contida na Justiça de Deus, mas se nossa falha ocorrer já numa etapa avançada de evolução e o motivo for grave, a encarnação pode acontecer em mundos onde as provações são penosas e a retomada evolutiva se torna muito difícil, porque a severidade ou não do disciplinamento é proporcional ao grau de compreensão do transgressor em relação ao crime ou delito que cometeu e à gravidade dessa falta. Até a lepra do ateísmo – de que fala Camille Flammarion em sua oração fúnebre junto ao túmulo do Codificador –, que é um caso gravíssimo, porque o filho nega o Pai mesmo estando no centro dos esplendores da Casa Divina, leva o transgressor a um disciplinamento de primitiva encarnação humana. Já uma falha de menor importância pode ocasionar a imersão em um planeta onde só existe a encarnação, ou melhor, a incorporação fluídica.

Quando iniciamos essa jornada espiritual somos inocentes, puros, simples, ignorantes, neutros, uma verdadeira página em branco nessa nova romagem (pois nossas existências anteriores no reino animal não nos conferiam a glória da responsabilidade), e a finalidade de nossa existência nesse novo nível consiste em crescermos em amor e sabedoria à medida que avançamos e aprendemos, percorrendo os vários níveis de aprendizado universal, desde as terras primitivas às regiões mais elevadas do Cosmos. Essa trajetória, porém, fazemo-la sempre em espírito, assistidos e inspirados de forma invisível por nossos Protetores. Nas regiões inferiores iremos aprender a manipular os elementos da natureza material, a produção dos fenômenos meteorológicos, a proteção da flora, da fauna e a execução de todas as ocupações que conduzem à harmonia universal. Nas regiões superiores iremos assimilar paulatinamente as grandes conquistas da alma e do intelecto, que farão de nós, um dia, emissários divinos do Senhor.

Nessa etapa inicial de evolução como seres conscientes, *não temos que passar pela fieira do mal,* como as Entidades Superiores revelaram a Kardec, *mas pela fieira da inocência e da ignorância.* A fieira da inocência e da ignorância começa quando o espírito recebe o perispírito e principia sua evolução no Infinito, e a fieira do mal começa quando ele, deixando de ser dócil a seus Guias, envereda pelo mau caminho. *Pela fieira da inocência, todos têm de passar obrigatoriamente; pela do mal, somente os que faliram.* Se o leitor entender essa filigrana, terá decifrado um dos maiores enigmas existentes em nossa Doutrina e entendido o "mistério" que tanto obscurece uma das mais belas revelações trazidas ao mundo pelo Espiritismo.

Quando recebemos o perispírito, que para nós é uma encarnação fluídica, começamos nossa evolução pela fieira da inocência e da ignorância, pela qual todos têm de passar. Se desprezarmos a inocência e nos deixarmos envolver pela indignidade de sentimentos malsãos, a responsabilidade será inteiramente nossa, porque, então, empregando com inteira liberdade a faculdade que Deus nos concedeu do livre-arbítrio, enveredamos pela fieira do mal, de que os bons estão isentos.

Compreendendo que a evolução universal se divide em duas veredas quando alguns espíritos seguem o caminho do mal e outros o do bem (questão 124), e se preocupando com a recepção que aqueles que seguiram o caminho do mal terão quando, após eternidades, chegarem ao grau supremo (questão 126), o Codificador propõe a questão às Entidades Superiores e recebe a resposta tranquilizadora de que, uma vez atingida a perfeição, todos são iguais perante Deus, não importando o caminho que tenham tomado.

À medida que a consciência e o império sobre nós mesmos se ampliam, amplia-se também o alcance de nossa responsabilidade. E a nossa falência, quando ocorre, só pode ser atribuída exclusivamente a nós e a ninguém mais, porque permitimos, por invigilância, que as sementes do mal se introduzissem de forma sorrateira em nosso íntimo e determinassem a nossa queda. Isso pode ocorrer nas esferas fluídicas (nem todas superiores) por onde passamos ou quando estagiamos como espírito nas regiões inferiores da vida, onde habitam os seres humanos, e vendo a aparente "vitória" dos maus, muito comum nos mundos em fase de provas e expiações, deixamo-nos influenciar por esse espetáculo enganoso e, assim, resvalamos em nossa marcha ascensional.

Sua Voz acrescenta que nosso mundo humano é atravessado por seres que emergem dos planos inferiores da vida *e por outros que decaem de superiores formas de consciência,* todos semeando livremente para depois colher (compulsoriamente, nos casos negativos) alegrias e dores na rota de seu destino. Determinismo e livre-arbítrio coexistem permanentemente nessa marcha evolutiva e, embora o ser goze de uma liberdade relativa de acordo com o meio em que habita, o traçado da evolução permanece inalterável, porque o homem, enquanto continuar indiferente à vivência da lei, permanece restrito em seu sítio evolutivo e, com suas ações, só pode alterar em seu entorno o que lhe diz respeito e nada mais.

Destaques deste Capítulo

- Todos os que habitamos a Terra, em suas esferas inferiores, falimos, não fomos fiéis nem dóceis à inspiração de nossos Guias e, por isso, trazemos na testa, impressa a fogo, de forma indelével e invisível, a marca de nossa traição, desonra e indignidade em nosso relacionamento com o Pai.
- Quebrando a harmonia divina, caímos pelo orgulho, pela vaidade, pela ambição e pelo egoísmo, sendo obrigados a deixar as veredas espirituais que trilhávamos para nos revestir da matéria grosseira dos planos materiais.
- Se cairmos numa etapa inicial e a falha for leve, podemos encarnar num planeta onde as condições de reerguimento sejam suaves, mas se nossa falha ocorrer já numa etapa avançada de evolução e o motivo for grave, a encarnação pode acontecer em mundos onde as provações são muito penosas.
- Quando iniciamos essa jornada espiritual somos simples, puros, ignorantes, neutros, uma verdadeira página em branco e, nessa condição, não temos que passar pela fieira do mal, mas pela fieira da inocência e da ignorância, como foi dito a Kardec pelas Entidades Superiores.
- E a nossa falência, quando ocorre, só pode ser atribuída exclusivamente a nós e a ninguém mais, porque permitimos, por invigilância, que as sementes do mal se

introduzissem imperceptivelmente, como "sementes de destino", em nosso íntimo e determinassem a nossa queda.

- Sua Voz acrescenta que determinismo e livre-arbítrio coexistem permanentemente nessa marcha evolutiva e, embora o ser goze de uma liberdade relativa de acordo com o meio em que habita, o traçado da evolução permanece inalterável.

CAPÍTULO XI

Finalidade da encarnação

Allan Kardec

132. Qual o objetivo da encarnação dos Espíritos?

"Deus lhes impõe a encarnação com o fim de fazê-los chegar à perfeição. Para uns, é expiação; para outros, missão. Mas, para alcançarem essa perfeição, têm que sofrer todas as vicissitudes [insucessos] da existência corporal: nisso é que consiste a expiação. A encarnação tem ainda outra finalidade: a de pôr o Espírito em condições de cumprir sua parte na obra da Criação. Para executá-la é que, em cada mundo, ele toma um instrumento em harmonia com a matéria essencial desse mundo, a fim de nele cumprir, daquele ponto de vista, as ordens de Deus. É dessa forma que, concorrendo para a obra geral, ele próprio se adianta."

Comentário de Kardec: A ação dos seres corpóreos é necessária à marcha do Universo. Deus, porém, na sua sabedoria, quis que nessa mesma ação eles encontrassem um meio de progredir e de se aproximar dele. É assim que, por uma lei admirável de sua Providência, tudo se encadeia, tudo é solidário na Natureza.

133. Os Espíritos que, desde o princípio, seguiram o caminho do bem, têm necessidade de encarnação?

"Todos são criados simples e ignorantes e se instruem nas lutas e tribulações da vida corporal. Deus, que é justo, não podia fazer felizes a uns, sem fadigas e sem trabalho, por conseguinte, sem mérito."

133-a. Mas, então, de que serve aos Espíritos terem seguido o caminho do bem, se isso não os isenta das penas da vida corporal?

"Chegam mais depressa ao fim. Além disso, as dificuldades da vida são muitas vezes a consequência da imperfeição do Espírito; quanto menos imperfeições, menos tormentos. Aquele que não é invejoso, nem ciumento, nem avaro, nem ambicioso, não sofrerá as torturas que se originam desses defeitos."

[...]

330 – Os Espíritos sabem a época em que reencarnarão?

"Eles a pressentem, como o cego sente o fogo de que se aproxima. Sabem que têm de retomar um corpo, como sabeis que tendes de morrer um dia, mas ignoram quando isso acontecerá."

330-a – Então, a reencarnação é uma necessidade da vida espiritual, como a morte é uma necessidade da vida corporal?

"Certamente; assim é."

331 – Todos os Espíritos se preocupam com a sua reencarnação?

"Há os que não pensam nela de modo algum, que nem mesmo a compreendem. Depende de sua natureza mais ou menos adiantada. Para alguns, a incerteza em que se acham em relação ao seu futuro é uma punição."[1]

[1] KARDEC, Allan. *O livro dos espíritos,* 1. ed. Rio de Janeiro: FEB, 2006, questões 132, 133, 133-a, 330, 330-a e 331.

Comentários ao Capítulo XI

Não é preciso ser observador muito arguto para perceber que, em muitos lances de nossa Doutrina, as Entidades Superiores que a ditaram focalizaram sua visão dentro dos planos material e espiritual inferiores do planeta. A visão se fechava, às vezes, num *zoom* de aproximação para o enquadramento de um acanhado ângulo que se inseria no vasto panorama da evolução universal. Assim como ocorre num filme, em que há tomadas em *close* (fechadas) e tomadas panorâmicas, o mesmo ocorreu na composição dos textos doutrinários. Quem não desenvolver uma cosmovisão dinâmica e espiritual dos fatos e se mantiver sempre no mesmo plano retraído da visão humana, não irá perceber as nuances dessas alterações de foco.

Quando as Entidades Superiores dizem que a encarnação é imposta aos espíritos para fazê-los chegar à perfeição, e que, para alcançarem essa perfeição, eles têm que sofrer as tribulações da vida material, *elas estão se referindo (de acordo com o contexto) aos espíritos necessitados de provas e expiações,* e não aos que a essas expiações não estão submetidos. E quando elas dizem que uma das finalidades da encarnação é pôr o espírito em condições de cumprir sua parte na obra da Criação, isto não inclui os que não faliram, porque estes também trabalham ativamente, mas em espírito, pela realização dessa obra. Como Deus sabe que grande parte de seus filhos se transviarão, a sua obra material não corre nenhum risco de não cumprir sua finalidade *por falta de mão de obra.*

A resposta à questão 133 de *O livro dos espíritos* apenas tangencia o âmago da profunda interrogação feita por Kardec, porque sugere que os que seguiram o caminho do bem não trabalham nem se afadigam, o que não faz justiça nem de longe a esse grupo de valorosos operários. E a da questão 133-a assinala que as dificuldades da vida são muitas vezes a consequência da imperfeição do espírito, dando a entender que se o espírito, em seu carreiro evolutivo, não der guarida a imperfeições – como inveja, ciúme, avareza e ambição –, não terá de sofrer o corretivo correspondente na carne, o que é justo. As respostas às questões 330 e 331 deixam claro que as Entidades se referem aos espíritos que habitam o entorno da esfera humana, em contubérnio com suas mazelas, e que, portanto, estão sujeitos à encarnação; e a relativa à questão 330-a pode referir-se também tranquilamente a esse contexto.

Há ainda duas reflexões, uma de Kardec e outra de São Luís (presidente espiritual da Sociedade Parisiense de Estudos Espíritas) sobre esse assunto, constantes respectivamente dos itens 17 e 25 do capítulo IV de *O evangelho segundo o espiritismo,* que merecem um breve comentário.

Na sua reflexão, o Codificador comenta que "a reencarnação aparece como uma necessidade absoluta", ou seja, "como lei da Natureza". Mas se compreendermos que a aquisição do perispírito é uma espécie de encarnação fluídica – a primeira encarnação a que estão sujeitos os espíritos ao colocar os pés no limiar da consciência –, não fica difícil compreender que eles também estão submetidos à lei da Natureza e cumprindo-a de forma integral, mas num plano inicialmente paralelo e imediatamente superior ao plano físico. A encarnação física é eventual e apenas uma sombra da encarnação fluídica, que é a encarnação verdadeira e original do espírito. A encarnação fluídica é uma necessidade permanente e universal; a encarnação física é uma necessidade eventual e corretiva.

Já São Luís argumenta que "Sendo soberanamente justo, Deus tem de distribuir tudo igualmente por todos os seus filhos. Por isso dá a todos o mesmo ponto de partida, a mesma aptidão, as mesmas obrigações a cumprir e a mesma liberdade de agir. *Qualquer privilégio seria uma preferência, uma injustiça.* Mas a encarnação, para todos os Espíritos, é apenas um estado transitório: é uma tarefa que Deus lhes impõe, quando iniciam a vida, *como primeira experiência do uso que farão do livre-arbítrio*".

À lúcida abordagem do presidente espiritual da Sociedade podem ser acrescentadas, com a devida vênia, duas reflexões no que diz respeito ao *privilégio* e à *primeira experiência do livre-arbítrio.*

Se todos os espíritos partem da estaca zero, simples e ignorantes, quando são revestidos do perispírito, com liberdade plena para o uso de seu livre-arbítrio – e alguns seguem o caminho do mal, candidatando-se à encarnação, enquanto outros seguem o do bem, candidatando-se a mais altos voos evolutivos –, fica evidente que esse tipo de procedimento (seguir a estrada do bem e isentar-se da encarnação física) não caracteriza privilégio. Privilégio haveria se Deus, por favoritismo, *perdoasse a alguns que falharam e os livrasse das correspondentes penas corretivas,* o que jamais aconteceu. "Segundo o Espiritismo" – escreve Kardec –, "Deus não tem favores nem privilégios para nenhuma de suas criaturas; todos os Espíritos têm um mesmo ponto de partida e a mesma estrada a percorrer, para chegar, pelo trabalho, à perfeição e à felicidade. *Uns chegaram: são os anjos ou puros Espíritos;* os outros ainda estão na retaguarda: são os Espíritos imperfeitos."[1]

Quanto a *submeter todos à encarnação* para testá-los em suas primeiras experiências do livre-arbítrio, é possível fazer aqui uma segunda reflexão, porque, para quem conhece bem a natureza humana e já estudou, na nossa Doutrina, o meio ingrato que se torna palco das primeiras encarnações, fica difícil acreditar que a alguém sejam dadas condições de fazer bom uso de sua liberdade nesse meio. Seria o mesmo que conceder o livre-arbítrio a essa criança inocente e pura, mas insciente, que é o espírito em seus estágios iniciais, e ao mesmo tempo submetê-la à lei do pecado, como já foi mencionado.

Quando nossa Doutrina diz também que a encarnação *é um castigo* (usando um termo aceitável da época em que foi composta), ela não está fazendo justiça, hoje, a esse grande e nobre instituto estabelecido por Deus para reeducação de seus filhos. Deus não pune a quem quer que seja, mas

---

1 KARDEC, Allan, *Revista espírita,* abr/1869, "Profissão de Fé Espírita Americana", item 14 da parte comentada por Kardec.

disciplina e reeduca. A encarnação física é um processo de disciplinamento e reeducação do espírito que falhou para renová-lo e retorná-lo íntegro ao ponto em que ocorreu a sua decaída, a fim de que ele dê prosseguimento à sua marcha evolutiva. A encarnação física é a mão de Deus que busca o infrator onde ele estiver e o reintegra no Seu reino, fazendo-o passar pela abençoada escola do reciclamento humano. Se há algum castigo presente nesse processo, foi o próprio espírito que o impôs a si mesmo, ao infringir conscientemente a lei, apesar de toda a assistência e alertamentos fraternos de que foi objeto.

A materialização ou encarnação é uma necessidade para o princípio espiritual – e isto é perfeitamente compreensível – enquanto transita de forma automática e compulsória pelos reinos inferiores da Natureza (mineral, vegetal e animal), porque aí ele avança pelo impulso das circunstâncias e o contato com a matéria é-lhe necessário ao despertamento da consciência. Mas a encarnação física é uma eventualidade quando desabrocha no ser o dom do livre-arbítrio, ocasião em que ele é submetido a uma encarnação fluídica (seu perispírito) e reinicia a evolução em seu próprio plano, condizente com seu novo corpo, em marcha progressiva para Deus, como veremos logo mais, na explanação do Instrutor espiritual Gúbio, sobre os seres infra-humanos. É aí, então, que a vontade do ser atua e seu roteiro se bifurca, ou seja, se divide em dois caminhos da marcha evolutiva.

Quando o espírito consciente recomeça a sua trajetória pelas veredas fluídicas, ele está caminhando pelo reino da

Espiritualidade, podendo escolher livremente entre tomar o caminho do bem ou o do mal. Ele não poderia fazer isso aqui na Terra, em suas primeiras encarnações, porque, quando Jesus veio aqui há dois mil anos, verificou pessoalmente o que é o pantanal da vida humana e deixou, de forma realista, esta constatação decisiva e até mesmo chocante: "Meu reino não é deste mundo". Se este mundo não faz parte do reino de Jesus, é porque faz parte do reino do mal, isto é, de Satanás, que é seu opositor simbólico.

Colocar, portanto, um espírito simples e inocente, em seus primeiros passos, nesse reino que ainda não é de Jesus, é o mesmo que colocar uma pessoa inocente entre presidiários ou atirar um cordeiro ao meio de lobos famintos. Deus, que é misericordioso, não faria isso. Mas se quando ele vier para cá já tiver feito uma boa caminhada lá em cima, adquirido valores e paixões e, usando mal essas paixões, caído por suas próprias mãos, então já tem alguma experiência para descer à carne e, quem sabe, se defender um pouco melhor de seus conterrâneos que estiverem exilados por aqui, os quais serão de sua mesma laia. As paixões, como vemos na questão 191-a de *O livro dos espíritos,* são um sinal de desenvolvimento, mas não de perfeição.

Mas tanto os que infringiram a lei quanto os que não a infringiram, uma vez conquistada a perfeição, são todos iguais perante Deus, gozando dos mesmos benefícios que o Pai lhes destina na Eternidade.

Há outro ponto que merece uma análise mais atenciosa. Alguns têm a impressão de que, em comparação com a vida física, esse início evolutivo pelas sendas espirituais é um mar de rosas, um piquenique astral ou uma viagem de recreio entre as estrelas. Não é. O ser, nesse estágio, não é nem animal nem homem. Embora mais bem equipado que o animal, já gozando de um corpo fluídico com possibilidades imensuráveis, ele está apenas nos pródromos da vida livre, em transição de formas inferiores para superiores. Por isso, é posto no caminho da evolução, sempre assistido por seus Guias, tendo de percorrer em espírito todas as regiões inferiores, aprendendo sempre, trabalhando muito, relacionando-se com os outros seres, influenciando e sendo influenciado constantemente. Deus, que vela amorosamente por todos, não o coloca sob influências irresistíveis que possam levá-lo ao mal, mas os apelos negativos a que está sujeito são tão débeis quanto a própria capacidade dele de administrar esses sentimentos. À medida que avança, evolui e cresce, essas influências também se tornam mais acentuadas, tanto para o bem quanto para o mal, mas é sempre ele quem decide o caminho a seguir.

Podemos encontrar uma impressionante descrição desses seres, em estágio relativamente inicial de evolução, no capítulo IV da obra *Libertação,* de André Luiz. Quando André pede esclarecimentos ao Instrutor espiritual Gúbio a respeito dos estranhos habitantes que se movimentam nos subúrbios de uma grande cidade das regiões inferiores do Umbral, o mentor responde em surdina:

"[...] Estamos numa colônia purgatorial de vasta expressão. Quem não cumpre aqui dolorosa penitência regenerativa, *pode ser considerado inteligência sub-humana*. Milhares de criaturas, utilizadas nos serviços mais rudes da natureza, movimentam-se nestes sítios *em posição infraterrestre*. A ignorância, por ora, não lhes confere a glória da responsabilidade. Em desenvolvimento de tendências dignas, candidatam-se à humanidade que conhecemos na Crosta. *Situam-se entre o raciocínio fragmentário do macacoide e a ideia simples do homem primitivo na floresta*. Afeiçoam-se a personalidades encarnadas ou obedecem, cegamente, aos espíritos prepotentes que dominam em paisagens como esta. Guardam, enfim, a ingenuidade do selvagem e a fidelidade do cão. O contato com certos indivíduos *inclina-os ao bem ou ao mal* e somos responsabilizados pelas Forças Superiores que nos governam, quanto ao tipo de influência que exercermos sobre a mente infantil de semelhantes criaturas. [...]".

Notemos as características marcantes desses seres sub-humanos: 1. encontram-se numa posição infraterrestre; 2. embora se encontrem no Umbral, num meio purgatorial, não estão submetidos a provas e expiações; 3. a ignorância não lhes confere a glória da responsabilidade; 4. situam-se entre o raciocínio fragmentário do macacoide e a ideia simples do homem primitivo na floresta; 5. afeiçoam-se com facilidade a personalidades encarnadas ou a espíritos prepotentes; 6. guardam a ingenuidade do selvagem e a fidelidade do cão; 7. são influenciáveis para o bem ou para o mal; 8. em desenvolvimento de tendências dignas, são candidatos à Humanidade da Crosta terrestre.

Como vimos, eles não estão ali cumprindo nenhuma penitência regenerativa, embora seja um meio de purgação, porque são ainda espiritualmente irresponsáveis. Encontram-se em desenvolvimento de tendências, sendo experimentados e estimulados sob vários ângulos a fim de que despertem para a realidade dos seres conscientes. São candidatos a trabalhos na esfera da Humanidade terrestre em duas vertentes: em primeiro lugar, como elementais (seres que conduzem os fenômenos da Natureza, cuidam da fauna, da flora, dos ares, dos oceanos, como silfos, sílfides, ondinas, ninfas, fadas, duendes, gnomos, salamandras etc.), passando, por evolução, de comandados a comandantes na condução desses fenômenos naturais; e, em segundo lugar, à medida que sua inteligência e influência se desenvolvem, são também candidatos à encarnação, se vierem a infringir a lei nas áreas sob seu comando, ou, se forem sempre dóceis a seus Guias, podem ascender a planos mais altos das Regiões Espirituais.

André Luiz narra, no capítulo 50 de seu livro *Nosso Lar,* um contato incomum que teve com esses elementais. Tendo solicitado o auxílio de Narcisa para socorro espiritual a um doente na Crosta, foi conduzido por ela à Natureza, onde Narcisa, usando expressões chamativas que André não pôde entender, pediu o concurso de elementais daquela região para conseguir essências de mangueiras e eucaliptos a fim de proceder ao socorro requerido. André estranhou a aparência daqueles seres desconhecidos e recebeu da prestimosa enfermeira a seguinte explicação:

– *São servidores comuns do reino vegetal,* os irmãos que nos atenderam.

A questão 607 de *O livro dos espíritos* ilustra muito bem esse estágio do ser espiritual:

607 – Foi dito que a alma do homem, em sua origem, corresponde ao estado de infância na vida corporal, que sua inteligência apenas desabrocha e se ensaia para a vida. *Onde o Espírito cumpre essa primeira fase?*

"Numa série de existências *que precedem o período a que chamais Humanidade.*"

Sempre me intrigou essa revelação das Entidades Superiores de que a alma, em seu estágio intermediário entre o animal e o homem, quando desabrocha para a vida consciente, cumpre uma série de existências antes de se tornar apta a envergar um corpo humano. Eu me perguntava: onde essa alma cumpre a citada série de existências? No plano físico não é. O animal que morfologicamente mais se aproxima do homem é o chimpanzé, mas ele ainda é um animal, e não há, em princípio, no plano físico, animais que estejam em nível intermediário entre o chimpanzé e o homem. Em que lugar, pois, essa alma semi-humana, que se ensaia para a vida racional, se estabelece para transitar do animal para o homem? A resposta, como já vimos, veio por intermédio de André Luiz.

Emmanuel também nos socorre nessa linha de raciocínio:

"Qual a forma animal que se acha mais vizinha do homem? O macaco, tão carinhosamente estudado por Darwin nas suas cogitações filosóficas e científicas, é um parente próximo das criaturas humanas, *falando-se fisicamente,* com os seus pronunciados laivos de inteligência; mas a promoção do princípio espiritual do animal à racionalidade humana *se processa fora da Terra,* dentro de condições e aspectos que não posso vos descrever, dada a ausência de elementos analógicos para as minhas comparações".[2]

Essa série de existências – ou posicionamentos diversos que o ser assume à medida que evolui – é a que ele cumpre nas esferas fluídicas superiores à Crosta ou, na Crosta, trabalhando de forma invisível no seio da Natureza. O retrato desse homem infra-humano, esboçado pelo Instrutor Gúbio, é uma evidência clara e um atestado formal, para quem deseja entender esse importante lance evolutivo, de que o ser recém-equipado com as faculdades perispirituais *reinicia a sua evolução universal pelo plano fluídico, e não pelo material.* É no plano espiritual, fluídico, invisível, que é feita essa transição do reino animal para o do ser plenificado, racional e livre.

Homens, meditai!

Segundo dados de 2015 do Infopen (Sistema Integrado de Informações Penitenciárias), o Brasil tem uma população carcerária de 607.731 pessoas, correspondendo a cerca de 300 presos por 100.000 habitantes.

A cidade de Sertãozinho, no Estado de São Paulo, tem aproximadamente 103.000 habitantes, em dados de 2008.

---

2 ARMOND, Edgard. *Os exilados de capela,* 12. ed., 1978, São Paulo, IV, "No tempo dos primeiros homens", p. 39.

Imaginemos, aplicando hipoteticamente essa estatística, que haja 300 presos em seu sistema carcerário. O leitor acredita que cada um dos 103.000 habitantes de Sertãozinho, mesmo sendo exemplar cumpridor da lei, tem que obrigatoriamente cumprir pena na penitenciária local para se tornar um cidadão respeitável e feliz? Se acredita, é melhor não ir morar lá! Mas é claro que não acredita. É óbvio que só devem passar pela prisão, para serem reeducados, os moradores que infringirem a lei.

Se o homem, que é tão imperfeito e que também faz leis imperfeitas, sabe fazer justiça a seus concidadãos, como é que Deus, que estabeleceu leis perfeitas e imutáveis para todo o Universo, iria ser menos previdente e justo que ele?. Falando em termos cósmicos, a Terra é apenas um grão de pó desta parte da Via Láctea onde estamos, e a Crosta terrestre é apenas um dos sistemas carcerários deste ângulo diminuto de nossa galáxia.

Homens, meditai!

Encarnar é semelhante a morrer, constituindo-se numa espécie de morte para o espírito. É de forma geral um ato semelhante à desencarnação ou morte do habitante da Crosta, porque o espírito tem que sofrer a desintegração dos fluidos do corpo que usava no mundo espiritual (o perispírito) para assumir o que usará no mundo material (o corpo físico), ao passar de um meio rarefeito para um mais denso.

É o que diz Kardec, na questão 340 de *O livro dos espíritos:* "Assim como a morte do corpo é uma espécie de renascimento para o Espírito, *a reencarnação é uma espécie de morte, ou, antes, de exílio, de clausura.* Ele deixa o mundo dos Espíritos pelo mundo corporal, como o homem deixa o mundo corporal pelo mundo dos Espíritos. O Espírito sabe que reencarnará, como o homem sabe que morrerá, mas, como este, não tem consciência do fato senão no último momento, quando é chegada a sua hora. Então, nesse momento supremo, qual o do homem em agonia, a perturbação se apodera do Espírito, persistindo até que a nova existência esteja nitidamente firmada. *Os prelúdios da reencarnação são uma espécie de agonia para o Espírito*".

É o que diz também Vinícius, no capítulo 16 de seu livro *Na escola do Mestre:* "[...] *O nascimento no plano em que ora vivemos é a morte no astral,* do mesmo modo que a morte na esfera humana é o nascimento nas regiões siderais".

É o que diz o Apóstolo São Paulo, num pensamento bastante enigmático encontrado na Bíblia Sagrada, em Efésios, 5:14: "Desperta, ó tu que dormes [o sono da encarnação], *levanta-te de entre os mortos* [os encarnados], e o Cristo te iluminará".

É o que afirma, finalmente, Jesus no Evangelho. Quando Jesus disse a um de seus ouvintes que o seguisse, este pediu que lhe fosse permitido ir primeiro sepultar seu pai. "Deixa *aos mortos* o cuidado de sepultar os seus próprios mortos" – responde-lhe o Cristo. "Tu, porém, vai e prega o reino de Deus" (Lucas, 9:59/60). Jesus designou por "mortos" os parentes "vivos" do futuro discípulo.

Homens, meditai!

Seria correto e justo, portanto, depois de premiar o espírito com essa maravilhosa vestimenta de gala, que é o perispírito, e de acenar-lhe com uma sublime perspectiva de evolução pelo Infinito, *submetê-lo à lei da morte* para permitir que ele alcançasse a Vida? Deus seria justo, como pergunta a nossa Doutrina, se entremostrasse um futuro tão belo para a alma, *porém a submetesse às indignidades da lei do pecado* para alcançar tão almejado fim? Deus seria justo se concedesse à alma o precioso dom do livre-arbítrio, mas a forçasse a habitar entre os que se tornaram voluntariamente réprobos e escória do Universo? Se na Crosta terrestre só habitam espíritos culpados em estágios depurativos de provas e expiações, o que um espírito puro e inocente, que nada deve à Lei, viria fazer aqui? O que um cidadão impoluto e de reputação ilibada de Sertãozinho estaria fazendo entre os celerados da penitenciária local?

São questões que merecem a nossa mais acurada reflexão, e quando meditamos em busca da Verdade não estamos desprestigiando os nossos mestres e mentores prediletos, encarnados ou desencarnados, que adotam ou adotaram reflexões diferentes das nossas, mas iluminando questões que interessam à libertação mental e à evolução da Humanidade. Este estudo é um hino de reconhecimento e exaltação a todos os mestres citados em seu bojo, os quais contribuíram poderosamente para o estabelecimento e a compreensão da verdade neste mundo, mas – com exceção do Cristo, como já disse – nenhum deles pode ser considerado inerrante naquilo que ensinou. O que está em jogo aqui não é a personalidade humana ou espiritual, sempre respeitável e frequentemente sujeita a equívocos, mas a libertação moral e espiritual do ser humano.

Os grandes gênios da Humanidade normalmente exitam, mas também hesitam e, às vezes, equivocam-se. Mario Livio (1945-) é astrofísico da Nasa, chefe da divisão científica do telescópio espacial Hubble e autor de obras populares sobre ciência e matemática. Em seu livro *Tolices brilhantes,* publicado pela Record, ele investiga os equívocos de gigantes da ciência, como Einstein, Darwin e Linus Pauling (1901-1994), mostrando que há "vacilos" em suas teorias, mas que em nada deslustram o brilho de seu gênio.

Essas "mancadas" (como ele as chama), ocorridas em campos específicos formulados por eles, teriam sido corrigidas por outros cientistas: a de Einstein por Edwin Hubble (1889-1953), a de Darwin por Mendel, e a de Pauling por Francis Crick (1916-2004) e James Watson (1928-). Sua profunda análise desses "deslizes" tem tudo a ver com este estudo, quando diz, agora usando de expressões mais fortes: "[...] esses erros crassos estão relacionados às teorias da evolução da vida na Terra, da evolução da própria Terra e da evolução do nosso universo como um todo" (contracapa). Segundo ainda Mario Livio, o processo científico avança por meio de erros, tornando estes, portanto, essenciais ao progresso.

Diz mais esse aclamado autor e ganhador de vários prêmios internacionais: "Mais de 20% dos artigos originais de Einstein continham erros de algum tipo. Em vários casos, embora ele tenha cometido erros ao longo do caminho, o resultado final ainda assim estava correto. Com frequência, essa é a marca registrada de grandes teóricos: eles são guiados mais por intuição do que por formalismo". E mais adiante: "As falhas de Einstein nos fazem lembrar que *a lógica humana está sujeita a erros, mesmo quando exercitada por um gênio monumental*" (p. 276/7). Tradução: pode-se dizer que, em geral, os gênios se equivocam no varejo mas acertam no atacado.

O pensador moderno, iluminado e clarividente deve fazer suas as palavras do físico norte-americano J. Robert Oppenheimer (1904-1967), conhecido como "pai da bomba atômica", estendendo-as ao campo da filosofia e da religião: "A liberdade de questionamento não deve ter barreiras. Não há lugar para dogmas na ciência. O cientista é livre e deve ser livre para perguntar qualquer questão, duvidar de qualquer afirmação, procurar por qualquer evidência e corrigir quaisquer erros".[3]

Quando Kardec, na questão 16 de *O livro dos espíritos,* pergunta às Entidades Superiores o que opor à ideia do panteísmo (doutrina que identifica Deus com tudo o que existe), elas dão esta resposta lapidar: "*A razão*. Refleti maduramente e não vos será difícil reconhecer-lhe o absurdo".

Se alguém nos perguntasse o que opor à ideia de que a encarnação é igualmente compulsória para o ser que não

---

[3] BAKER, Joanne, *50 ideias de física quântica,* Planeta, 2015, cap. 37, "Teoria das cordas".

faliu ao usar seu livre-arbítrio, nós também daríamos a mesma resposta: "*A razão*. Refleti maduramente e não vos será difícil reconhecer-lhe o absurdo".

A reencarnação existe para reabilitar o Espírito de formação moral inferior, ou seja, aquele que abusou de seu livre-arbítrio e enveredou pela trilha do mal, necessitando, portanto, de provas e expiações para resgatar os seus desvios e retornar à luz. É o que reflexiona Kardec, com esta clareza doutrinária que é uma das peculiaridades de seu raciocínio lógico e clarividente:

"A doutrina da reencarnação, isto é, a que consiste em admitir para o homem muitas existências sucessivas, é a única que corresponde à ideia que fazemos da justiça de Deus, *com respeito aos homens de formação moral inferior;* a única que pode explicar o futuro e firmar as nossas esperanças, *pois nos oferece os meios de resgatarmos os nossos erros mediante novas provações.* A razão no-la indica e os Espíritos a ensinam" (questão 171 do livro citado).

Ao dizer que a doutrina da reencarnação é a única que corresponde à justiça de Deus *com respeito aos homens de formação moral inferior,* pois lhes faculta os meios de ressarcirem seus débitos, ele exclui logicamente da reencarnação os de formação moral superior, isto é, aqueles que se mantiveram íntegros e vigilantes e, por isso, não necessitam de reabilitação.

Fazendo a transcrição acima da reflexão de Kardec, não queremos induzir o leitor a crer que ele adotava essa tese. O que desejamos ressaltar – como dissemos no Prefácio

– é que "muitas vezes foi possível encontrar na mesma fonte argumentos hábeis para sustentar teses contrárias". Kardec, no geral, adotava entendimento diferente. Mas com a honestidade profissional que o norteou na elaboração da Doutrina, sempre que se encontrava em face de dois argumentos ponderáveis e de aparência conflitante, ele os apresentava e deixava ao porvir a responsabilidade pela definição de qual deles deveria prosperar.

Enquanto refletimos, vale a pena ouvir mais uma vez a palavra de Kardec, conquanto expendida em outro contexto, mas não incompatível com este: "[...] Muitas vezes o homem se queixa de não compreender certas coisas e, no entanto, é curioso ver-se como multiplica as dificuldades, *quando tem ao seu alcance uma explicação muito simples e natural.* [...]".[4]

Homens, meditai!

Dizia Confúcio que "o que o Homem Mais Alto procura está em si mesmo; o que os homens inferiores procuram está nos outros". Quando o homem terceiriza a faculdade de pensar, estaciona no tempo e passa a gravitar mentalmente em torno do esforço intelectual alheio. Mas quando pensa por si próprio (mesmo arrimando-se nas reflexões dos grandes mestres da Humanidade), supera-se e abre perspectivas fabulosas para seu futuro, porque, acreditando num porvir de luz, acreditando que traz a planta de

---

[4] KARDEC, Allan. *O livro dos espíritos,* 1. ed. Rio de Janeiro: FEB, 2006, questão 366.

Deus infusa em si, acreditando que é um pequeno deus a caminho da plenitude, ele deixa de ser budista para ser o Buda (como dizem os mestres orientais), de ser kardecista para ser Kardec (como diria um espírita iluminado) e de ser cristão para ser o Cristo (como dizemos nós). Respeita todos os mestres e muito usufrui de seus postulados, mas mantém como prioridade máxima a conquista de seu mestrado pessoal com Jesus, o Mestre de todos os mestres, no qual busca se integrar em constante burilamento da mente e do coração. É assim que nasce o iluminado Homem do Terceiro Milênio, o Super-Homem do Porvir, ou seja, você, eu, qualquer ser humano, *as pessoas que respiram em clima de liberdade mental, moral e espiritual,* para as quais tudo é fraternalmente questionável, desde os dogmatismos religiosos de todos os naipes até os postulados mais categóricos provenientes dos cientistas e filósofos em geral.

Destaques deste Capítulo

- A encarnação é um processo de disciplinamento do espírito que falhou para renová-lo e retorná-lo íntegro ao ponto em que ocorreu a sua decaída, a fim de que ele dê prosseguimento à sua marcha evolutiva.
- A materialização, bem como a encarnação, é uma necessidade para o princípio espiritual enquanto transita automática e compulsoriamente pelos estágios inferiores da Natureza (mineral, vegetal e animal), porque aí ele avança pelo impulso das circunstâncias, e o contato

com a matéria é-lhe necessário ao despertamento da consciência.

- A encarnação física, porém, é uma eventualidade quando desabrocha no ser o dom do livre-arbítrio, ocasião em que ele é submetido a uma *encarnação fluídica* (seu perispírito) e reinicia a evolução *em seu próprio plano, condizente com seu novo corpo,* em marcha progressiva para Deus.
- Esse início de evolução pelo plano espiritual está bem caracterizado pelo homem infra-humano em trajetória pelos sítios umbralinos, descrito por Gúbio.
- Deus, que é justo, não coloca o espírito sob influências irresistíveis que possam levá-lo ao mal, mas os apelos negativos a que está sujeito são tão débeis quanto a própria capacidade dele de administrar esses sentimentos; quando essas influências se acentuam, ele também já se encontra apto a rechaçá-las.
- Quando Jesus veio à Crosta há dois mil anos, constatou pessoalmente o que é o tremedal da vida humana e deixou esta sentença extraordinária: "Meu reino não é deste mundo". Se este mundo não faz parte do reino de Jesus, é porque faz parte do reino de Satanás, que é seu opositor simbólico. Colocar, portanto, um espírito simples e inocente, em seus primeiros passos, nesse reino que ainda não é de Jesus, é o mesmo que atirar um cordeiro ao meio de lobos famintos. Deus, que é misericordioso, não faria isso.

- Vale a pena ouvir mais uma vez Kardec: "Muitas vezes o homem se queixa de não compreender certas coisas e, no entanto, é curioso ver-se como multiplica as dificuldades, *quando tem ao seu alcance uma explicação muito simples e natural.*

CAPÍTULO XII

Origem do corpo humano

André Luiz

[...] Assim como o aperfeiçoado veículo do homem [o corpo humano] *nasceu das formas primárias da Natureza,* o corpo espiritual foi iniciado também nos princípios rudimentares da inteligência. [...].[1]

Allan Kardec

47 – A espécie humana se encontrava *entre os elementos orgânicos contidos no globo terrestre?*

"Sim, e veio a seu tempo. Foi isso que levou a se dizer que o homem se formara do limo da terra".

[...]

49 – Se o germe da espécie humana se encontrava entre os elementos orgânicos do globo, *por que os homens não mais se formam espontaneamente, como em sua origem?*

"O princípio das coisas está nos segredos de Deus. Entretanto, pode dizer-se que os homens, uma vez espalhados pela Terra, *absorveram em si mesmos os elementos necessários*

---

[1] LUIZ, André. *Entre a terra e o céu,* 6. ed. Rio de Janeiro: FEB, 1978, cap. XXI, "Conversação edificante".

à sua formação, para os transmitir segundo as leis da reprodução. *Deu-se o mesmo com as diferentes espécies de seres vivos."*

[...]

53 – O homem surgiu em vários pontos do globo?

"Sim, e em diversas épocas, e essa é também uma das causas da diversidade das raças. Mais tarde os homens, dispersando-se nos diferentes climas e aliando-se a outras raças, formaram os tipos."

[...]

592 – Se compararmos o homem e os animais em relação à inteligência, parece difícil estabelecer uma linha de demarcação, porque alguns animais têm, sob esse aspecto, notória superioridade sobre certos homens. Essa linha de demarcação pode ser estabelecida de maneira precisa?

"Quanto a esse ponto, os vossos filósofos não estão de acordo em quase nada. Uns querem que o homem seja um animal e outros que o animal seja um homem. Todos estão errados.

"O homem é um ser à parte, que desce muito baixo algumas vezes ou que pode elevar-se muito alto. Pelo físico, o homem é como os animais, e bem menos dotado do que muitos deles; a Natureza lhes deu tudo que o homem é obrigado a inventar com a sua inteligência, para a satisfação de suas necessidades.

"É certo que o corpo do homem se destrói, como o dos animais, mas o seu Espírito tem um destino que só ele pode compreender, porque só ele é completamente livre. Pobres homens, que vos rebaixais mais do que os brutos! Não sabeis distinguir-vos deles? Reconhecei o homem pela faculdade de pensar em Deus."

[...]

610 – Ter-se-ão enganado os Espíritos que disseram que o homem *é um ser à parte* na ordem da Criação?

"Não, mas a questão não tinha sido desenvolvida e *há coisas que não podem vir senão a seu tempo.* De fato, *o homem é um ser à parte,* visto possuir faculdades que o distinguem de todos os outros e ter outro destino. A espécie humana é a que Deus escolheu para a encarnação dos seres *que podem conhecê-lo."*

[...]

597-a – Esse princípio [que no animal sobrevive à matéria] é uma alma semelhante à do homem?

"É também uma alma, se quiserdes, dependendo do sentido que se der a esta palavra; mas é inferior à do homem. *Entre a alma dos animais e a do homem há tanta distância quanto a que existe entre a alma do homem e Deus."*

[...]

605-a – [Resposta parcial a esta questão]

"[...] A alma do animal e a do homem são distintas uma

da outra, de tal maneira que *a alma de um não pode animar o corpo criado para o outro.* (...)."[2]

Erasto (Espírito)

Dizem que o Sr. T... magnetizou o seu cão. A que resultado chegou? Matou-o, porque esse infeliz animal morreu depois de haver caído numa espécie de atonia, de langor, consequentes à sua magnetização. Com efeito, *saturando-o de um fluido haurido [colhido] numa essência superior à essência especial da sua natureza de cão, ele o esmagou,* agindo sobre o animal à semelhança do raio, ainda que mais lentamente. Assim, pois, *como não há assimilação possível entre o nosso perispírito e o envoltório fluídico dos animais propriamente ditos,* nós os esmagaríamos instantaneamente, caso os mediunizássemos.

[...]

[...] Os homens se mostram sempre propensos a tudo exagerar. Uns, e não me refiro aqui aos materialistas, negam a alma aos animais, enquanto outros querem lhes atribuir uma, semelhante, por assim dizer, à nossa. Por que querer *confundir* assim o perfectível com o imperfectível?

Não, não, convencei-vos: o fogo que anima os irracionais, o sopro que os faz agir, mover e falar na linguagem que lhes é própria, não tem, quanto ao presente, nenhuma aptidão para se mesclar, unir ou fundir com o sopro divino, a alma etérea,

---

[2] KARDEC, Allan. *O livro dos espíritos,* 1. ed. Rio de Janeiro: FEB, 2006, questões 47, 49, 53, 592, 610, 597-a e 605-a.

o Espírito enfim, que anima o ser essencialmente perfectível: o homem, o rei da Criação.

Ora, não é essa condição essencial de perfectibilidade que constitui a superioridade da espécie humana sobre as outras espécies terrestres? Reconhecei, então, que *não se pode assimilar [assemelhar] ao homem, que só ele é perfectível em si mesmo e nas suas obras, nenhum indivíduo das outras raças que vivem na Terra.*[3]

Allan Kardec

26 – Do ponto de vista corpóreo e puramente anatômico, o homem pertence à classe dos mamíferos, dos quais unicamente difere por alguns matizes na forma exterior. Quanto ao mais, a mesma composição de todos os animais, os mesmos órgãos, as mesmas funções e os mesmos modos de nutrição, de respiração, de secreção, de reprodução.

Ele nasce, vive e morre nas mesmas condições e, quando morre, seu corpo se decompõe, como tudo o que vive. Não há, em seu sangue, na sua carne, em seus ossos, um átomo diferente dos que se encontram no corpo dos animais. Como estes, ao morrer, restitui à terra o oxigênio, o hidrogênio, o azoto e o carbono que se haviam combinado para formá-lo; e esses elementos, por meio de novas combinações, vão formar outros corpos minerais, vegetais

---

[3] Idem. *O livro dos médiuns,* 1. ed. Brasília: FEB, 2008, cap. XXII, "Mediunidade dos animais".

e animais. É tão grande a analogia que se estudam as suas funções orgânicas em certos animais, quando as experiências não podem ser feitas nele próprio.

27 – Na classe dos mamíferos, o homem pertence à ordem dos *bímanos* [que têm duas mãos]. Logo abaixo dele vêm os *quadrúmanos* (animais de quatro mãos) ou macacos, alguns dos quais, como o orangotango, o chimpanzé, o jocó [nome que alguns autores dão ao chimpanzé], têm certos ademanes [gestos] do homem, a tal ponto que, por muito tempo, foram denominados: *homens das florestas.* Como o homem, esses macacos caminham eretos, usam cajados, constroem choças e levam à boca, com a mão, os alimentos: sinais característicos.

28 – Por pouco que se observe a escala dos seres vivos, do ponto de vista do organismo, é-se forçado a reconhecer que, desde o líquen até a árvore e desde o zoófito até o homem, há uma cadeia que se eleva gradativamente, sem solução de continuidade [interrupção] e cujos anéis todos têm um ponto de contato com o anel precedente.

Acompanhando-se passo a passo a série dos seres, dir-se-ia que cada espécie é um aperfeiçoamento, uma transformação da espécie imediatamente inferior. Visto que são idênticas às dos outros corpos as condições do corpo do homem, química e constitucionalmente; visto que ele nasce, vive e morre da mesma maneira, *também nas mesmas condições que os outros se há de ele ter formado.*

29 – Ainda que isso lhe fira o orgulho, tem o homem que se resignar a não ver *no seu corpo material mais do que o último anel da animalidade na Terra.* Aí está o inexorável argumento dos fatos, contra o qual seria inútil protestar.

Todavia, quanto mais o corpo diminui de valor aos seus olhos, tanto mais cresce de importância o princípio espiritual. Se o primeiro o nivela ao bruto, o segundo o eleva a incomensurável altura. *Vemos o limite extremo do animal: não vemos o limite a que chegará o espírito do homem.*[4]

14 – O corpo, conseguintemente, não passa de um envoltório destinado a receber o Espírito. Desde então, pouco importam a sua origem e os materiais que entraram na sua construção. *Seja ou não o corpo do homem uma criação especial,* o que não padece dúvida é que tem a formá-lo o mesmo princípio vital, ou, por outra, a aquecê-lo o mesmo fogo, como tem a iluminá-lo a mesma luz e se acha sujeito às mesmas vicissitudes e às mesmas necessidades. É um ponto este que não sofre contestação.

A não se considerar, pois, senão a matéria, abstraindo do Espírito, o homem nada tem que o distinga do animal. Tudo, porém, muda de aspecto, logo que se estabelece distinção entre a *habitação* e o *habitante.*

Ou numa choupana, ou envergando as vestes de um campônio, um nobre senhor não deixa de o ser. O mesmo

[4] Idem. *A gênese,* 45. ed. Brasília: FEB, 2004, cap. X, "Gênese orgânica", itens 26 a 29.

se dá com o homem: não é a sua vestidura de carne que o coloca acima do bruto *e faz dele um ser à parte;* é o seu ser espiritual, seu Espírito.

15 – Da semelhança, que há, de formas exteriores entre o corpo do homem e o do macaco, concluíram alguns fisiologistas que o primeiro é apenas uma transformação do segundo. *Nada aí há de impossível,* nem o que, se assim for, afete a dignidade do homem.

Bem pode dar-se que corpos de macaco tenham servido de vestidura aos primeiros Espíritos humanos, forçosamente pouco adiantados, que viessem encarnar na Terra, sendo essa vestidura mais apropriada às suas necessidades e mais adequada ao exercício de suas faculdades, do que o corpo de qualquer outro animal. Em vez de se fazer para o Espírito um invólucro especial, *ele teria achado um já pronto.* Vestiu-se então da pele do macaco, sem deixar de ser Espírito humano, como o homem não raro se reveste da pele de certos animais, sem deixar de ser homem.

Fique bem entendido que aqui unicamente se trata de uma hipótese, de modo algum posta como princípio, mas apresentada apenas para mostrar que a origem do corpo em nada prejudica o Espírito, que é o ser principal, *e que a semelhança do corpo do homem com o do macaco não implica paridade entre o seu Espírito e o do macaco.*

16 – *Admitida essa hipótese,* pode dizer-se que, sob a influência e por efeito da atividade intelectual do seu novo

habitante, o envoltório se modificou, embelezou-se nas particularidades, conservando a forma geral do conjunto. Melhorados, os corpos, pela procriação, se reproduziram nas mesmas condições, como sucede com as árvores de enxerto. Deram origem a uma espécie nova, que pouco a pouco *se afastou do tipo primitivo,* à proporção que o Espírito progrediu.

O Espírito macaco, que não foi aniquilado, continuou a procriar, para seu uso, corpos de macaco, do mesmo modo que o fruto da árvore silvestre reproduz árvores dessa espécie, e o Espírito humano procriou corpos de homem, variantes do primeiro molde em que ele se meteu. *O tronco se bifurcou [dividiu-se em dois]:* produziu um ramo, que por sua vez se tornou tronco.

Como em a Natureza não há transições bruscas, é provável que os primeiros homens aparecidos na Terra pouco diferissem do macaco pela forma exterior e não muito também pela inteligência. Em nossos dias ainda há selvagens que, pelo comprimento dos braços e dos pés e pela conformação da cabeça, têm tanta parecença com o macaco, que só lhes falta ser peludos, para se tornar completa a semelhança.[5]

29 – Quando a Terra se encontrou em condições climáticas apropriadas à existência da espécie humana, encarnaram nela Espíritos humanos. Donde vinham? Quer eles tenham

[5] Idem, ibidem, cap. XI, "Gênese espiritual", itens 14 a 16.

sido criados naquele momento; quer tenham procedido, completamente formados, do espaço, de outros mundos, ou da própria Terra, a presença deles nesta, a partir de certa época, é um fato, *pois que antes deles só animais havia.*

Revestiram-se de corpos adequados às suas necessidades especiais, às suas aptidões, e que, fisiologicamente, tinham as características da animalidade. Sob a influência deles e por meio do exercício de suas faculdades, esses corpos se modificaram e aperfeiçoaram: é o que a observação comprova.

Deixemos então de lado a questão da origem, *insolúvel por enquanto;* consideremos o Espírito, não em seu ponto de partida, mas no momento em que, manifestando-se nele os primeiros germes do livre-arbítrio e do senso moral, o vemos a desempenhar o seu papel humanitário, sem cogitarmos do meio onde haja transcorrido o período de sua infância, ou, se o preferirem, de sua incubação.

Malgrado à analogia do seu envoltório com o dos animais, *poderemos diferençá-lo destes últimos pelas faculdades intelectuais e morais que o caracterizam,* como, debaixo das mesmas vestes grosseiras, distinguimos o rústico do homem civilizado.[6]

613 – Por mais errônea que seja, a ideia da metempsicose [encarnação direta da alma do animal num corpo humano e vice-versa] não resultaria do sentimento intuitivo que o homem possui de suas diferentes existências?

---

[6] Idem, ibidem, item 29.

"Esse sentimento intuitivo está presente nessa crença, como em muitas outras. O homem, porém, o desnaturou, como costuma fazer com a maioria de suas ideias intuitivas."

Comentário de Kardec: A metempsicose seria verdadeira se por esse termo se entendesse a progressão da alma de um estado inferior a um estado superior, onde adquirisse desenvolvimentos que lhe transformassem a natureza. Mas é falsa no sentido de transmigração direta da alma do animal para o homem e vice-versa, o que implicaria a ideia de retrogradação ou de *fusão*.

Ora, o fato de não poder realizar-se essa fusão entre os seres corporais das duas espécies é um indício de que essas espécies se encontram em graus não assimiláveis, devendo dar-se o mesmo com relação aos Espíritos que as animam. Se um mesmo Espírito pudesse animá-las alternativamente, haveria, como resultado, uma identidade de natureza, traduzindo-se pela possibilidade da reprodução material.

A reencarnação, tal como os Espíritos a ensinam, se baseia, ao contrário, na marcha ascendente da Natureza e na *progressão do homem, dentro da sua própria espécie,* o que em nada lhe diminui a dignidade. [...]

[...]

[...] O ponto de partida do Espírito é uma dessas questões que se ligam ao princípio das coisas e fazem parte dos segredos de Deus. Não é permitido ao homem conhecê-las de maneira absoluta, só lhe sendo possível fazer a tal respeito algumas suposições e construir sistemas mais ou menos prováveis. Os próprios Espíritos estão longe de tudo saberem e, acerca do que não sabem, também podem ter opiniões pessoais mais ou menos sensatas.

É assim, por exemplo, que nem todos pensam da mesma forma quanto às relações existentes entre o homem e os animais. Segundo alguns, o Espírito não chega ao período humano *senão depois de se haver elaborado e individualizado nos diversos graus dos seres inferiores da Criação.* Segundo outros, o Espírito do homem *teria pertencido sempre à raça humana, sem passar pela fieira animal.* O primeiro desses sistemas tem a vantagem de dar um objetivo ao futuro dos animais, que formariam então os primeiros elos da cadeia dos seres pensantes. O segundo é conforme à dignidade do homem e pode resumir-se da maneira seguinte:

As diferentes espécies de animais não procedem intelectualmente umas das outras pela via da progressão. *Assim, o espírito da ostra não se torna sucessivamente o do peixe, do pássaro, do quadrúpede e do quadrúmano. Cada espécie constitui, física e moralmente, um tipo absoluto,* haurindo cada indivíduo na fonte universal a quantidade de princípio inteligente que lhe seja necessária, de acordo com a perfeição de seus órgãos e com a obra que tenha de executar nos fenômenos da Natureza, quantidade que, por sua morte, é devolvida à massa. Os animais dos mundos mais adiantados que o nosso constituem igualmente raças distintas, apropriadas às necessidades desses mundos e ao grau de adiantamento dos homens, dos quais são auxiliares, mas que não procedem absolutamente dos da Terra, espiritualmente falando.

Com o homem não sucede a mesma coisa. Do ponto de vista físico ele forma, evidentemente, um elo da cadeia dos seres vivos; mas, *do ponto de vista moral, há solução de continuidade entre o homem e o animal.* O homem possui, como propriedade sua, a alma ou Espírito, centelha divina que lhe dá o senso moral e um alcance intelectual que os animais não possuem; é o seu ser principal, preexistente e sobrevivente ao corpo, e que conserva a sua individualidade.[7]

[7] Idem. *O livro dos espíritos*, 1. ed. Rio de Janeiro: FEB, 2006, questão 613.

Comentários ao Capítulo XII

Embora o princípio de todas as coisas esteja nos segredos de Deus, podemos aplicar a inteligência, a análise, a razão, o raciocínio, a lógica, para nos aproximarmos o máximo possível desse princípio pela observação dos efeitos e das consequências da Criação e da evolução. Só existe um limite para o progresso mental e espiritual do homem: a sua ignorância. Como nada resiste ao trabalho, não há segredos nem barreiras intransponíveis para os que, por meio de um raciocínio lúcido e persistente, procuram e conseguem penetrar na Consciência divina.

Os primeiros lampejos de vida surgiram em nosso planeta há pouco mais de 3,6 bilhões de anos, um bilhão de anos, portanto, após o início de sua formação. Não há consenso entre os cientistas sobre o início da vida, e os modelos apresentados são apenas aproximações do que pode ter ocorrido. Um dos passos fundamentais foi o surgimento das primeiras entidades microscópicas capazes de interagir com o ambiente. A formação das primeiras células foi um passo fundamental no mecanismo evolutivo. Transmitir a informação armazenada em sua interação com o meio, com a possibilidade de reprodução, criação e preservação de suas características, foi outra conquista notável. Essa replicação planetária expandiu a vida, e a seleção natural (conduzida imperceptivelmente de cima para baixo) fez o restante. A vida teve início nos oceanos e depois invadiu a terra, gerando, na flora e na fauna, a sua infinita multiplicidade de espécies. Com isso o planeta progrediu e a Natureza se preparou para receber o seu hóspede mais ilustre: o homem.

Os espíritos humanizados em nosso mundo *em sua fase primitiva* podem ser de duas ordens: os que caíram quando ainda se encontravam no início de sua trajetória como seres conscientes (o ser infra-humano descrito por Gúbio), e os que já estavam nessa trajetória, num estágio bem avançado, mas cujas faltas foram tão graves que exigiam esse corretivo drástico, para que sentissem na própria carne a seriedade da falta que cometeram. Este mundo, durante essa primeira fase, ainda estava virgem do aparecimento do homem, mas preparado e pronto para essas encarnações.

A espécie humana começou como todas as espécies animais: *em várias partes do planeta ao mesmo tempo* (no que concordam, de forma geral, a ciência e a Doutrina Espírita) e com um corpo inicial, rudimentar, primitivo, *especialmente formado para ela.* Os primeiros espíritos humanizados a baixarem a esse ninho virgem formaram seus primeiros corpos exatamente como os animais formaram os seus no início: pela agregação de substâncias que estavam esparsas na atmosfera e no seio da Natureza, *atraindo-as como o ímã atrai o ferro,* aperfeiçoando-as em seguida ao longo dos milênios e lhes propiciando os elementos necessários para sua futura reprodução por meio da procriação. Tudo isto, sempre com a assistência e a intervenção dos Biólogos espirituais encarregados desse departamento terrestre.

Como vimos em nossa Doutrina, o que ocorreu com o princípio do corpo do homem, que foi formado do limo ou lodo diluído e fecundado (linguagem simbólica para a formação atômica e molecular de todos os corpos físicos), ocorreu também com o princípio das primeiras plantas e dos primeiros animais. A primeira formação do que seria depois o corpo humano aconteceu há aproximadamente três ou quatro milhões de anos (outras fontes falam em dez milhões e até mais), com o surgimento dos primeiros hominídeos. Nessa época, os animais já habitavam a Terra havia algumas centenas de milhões de anos, sendo, portanto, pelo aspecto físico, muito mais aperfeiçoados, espertos e bem-acabados em comparação com aquele esboço de ser humano que surgiu em seu meio.

Embora os animais fossem, nesse princípio, mais bem-aparelhados fisicamente que os hominídeos, esta espécie não corria perigo de ser extinta porque não se constituía em atrativo para eles, visto que o animal só preda o que lhe interessa. Quando se tornou, finalmente, atrativo, já não corria perigo também porque já estava equipada para defender-se de seus predadores. Seu corpo, tão mais disforme quanto mais próximo de sua origem, foi progressivamente tomando a configuração humana, com todos os aperfeiçoamentos que o perispírito lhe podia imprimir. O homem primitivo vivia inicialmente nas florestas e, a princípio, a agilidade e a destreza dos animais constituíam para ele modelo a ser seguido, tendo o homem, nesses milênios iniciais, tentado imitá-los (principalmente os macacos), com os quais se assemelhava em vários aspectos.

E como pôde o homem, apesar de seu atraso físico em relação aos animais, vir a ter a direção e a supremacia do planeta?

É que o homem, nessas condições, como espírito, não estava em processo de desenvolvimento gradativo e automático como os animais. Os princípios materiais, magnéticos e psíquicos que participaram no início da formação dos minerais, vegetais e animais, entraram na composição do planeta, em sua formação, para se desenvolverem compulsória e paulatinamente, enquanto que o homem, quando chegou bem mais tarde, já era bastante evoluído, mas sofreu uma constrição intelectiva e uma degradação física, em decorrência de ter vindo de um meio superior, muito mais avançado que aquele em que se encontrava agora, para cumprimento de um corretivo divino gerado por uma falta cometida.

Ele não entrou na formação do globo desde o início, como os outros três elementos, mas pegou carona no planeta alguns bilhões de anos depois, quando este já estava formado e amadurecido para a sua presença. Sua inteligência já estava conquistada quando ele veio para cá, mas encontrava-se entorpecida (devido à encarnação), necessitando de despertamento, enquanto a inteligência dos animais carecia de desenvolvimento. Não se tratava mais para o homem de progredir lentamente como os animais; ele precisava era despertar rapidamente, crescer e exercer domínio.

André Luiz assevera que o corpo humano "nasceu das formas primárias da Natureza", e a Kardec as Entidades

Superiores revelam que a espécie humana *estava entre os elementos orgânicos contidos no globo terrestre* e apareceu na hora certa, formada do lodo da terra (e não no útero das feras), assim como os demais corpos dos animais. E se os primeiros homens foram formados desses elementos, por que eles não mais se formam espontaneamente, como em sua origem? Porque "os homens, uma vez espalhados pela Terra, *absorveram em si mesmos os elementos necessários à sua formação,* para os transmitir segundo as leis da reprodução", exatamente como ocorreu "com as diferentes espécies de seres vivos".

Voltam à carga as Entidades Superiores para esclarecer que o homem, em comparação com os animais, *é um ser à parte,* e o que mais evidencia essa diferença é que ele tem a faculdade de pensar que os animais não têm, visto ser a espécie humana a que Deus escolheu para a encarnação dos seres que podem conhecê-l'O. E mais. Revelam a tremenda distância que existe entre a alma do homem e a alma dos animais: *há tanta distância entre elas quanto a que existe entre a alma do homem e Deus.* E mais ainda: são tão distintas que "a alma de um não pode animar o corpo criado para o outro".

Kardec reflexiona que não há possibilidade de fusão entre os seres corporais das duas espécies (símios e humanos), porque a distância entre elas é tão grande que "*se encontram em graus não assimiláveis,* devendo dar-se o mesmo com relação aos Espíritos que as animam". Se fosse possível essa assimilação, também seria possível a reprodução material, ou seja, o acasalamento entre ambas as espécies com geração de descendência, o que não ocorre. O homem tem que reproduzir-se e progredir, mas dentro de sua própria espécie.

Erasto confirma a impossibilidade dessa assimilação recíproca, dizendo que o sopro (alma) que anima os irracionais não tem nenhuma aptidão para *se mesclar, unir ou fundir* com o sopro divino que anima o ser perfectível chamado homem, e cita o exemplo do cachorro que morreu quando foi magnetizado por seu dono. A essência superior do magnetismo humano não se casa com o magnetismo inferior do animal devido aos extremos em que se encontram o envoltório fluídico deste e o perispírito daquele. Não há discurso retórico nem pajelança dialética, por mais bem arquitetados que sejam, capazes de dar a mais mínima aparência de possibilidade à concretização de um monstrengo dessa natureza. Deus dispõe de meios mais misericordiosos para propiciar a evolução de seus filhos, sem precisar colocar um espírito humanizado no ventre de uma alimária.

Em seguida à consideração sobre a impossibilidade de simbiose ou associação entre as duas espécies, o Codificador analisa a cadeia biológica que interliga todos os seres vivos, das primeiras plantas ao homem, e conclui que, por serem todos os corpos materiais feitos dos mesmos elementos, também o corpo do homem – que é o último anel da animalidade na Terra -- deve ter sido formado nas mesmas condições em que os corpos dos outros o foram. Não é o corpo do homem, portanto, que faz dele um ser diferente dos animais, mas o seu ser espiritual. Como as espécies foram formadas de maneira distinta, *sem procederem umas das outras,* a dedução lógica desse fato é que o corpo do homem também não procedeu de nenhuma outra espécie, por mais assemelhada que seja à espécie humana.

Em oposição agora à sua reflexão anterior, de que não há possibilidade de composição entre os fluidos do homem e os do animal, o Codificador *cita a opinião de alguns fisiologistas* – os quais entendem que, devido à semelhança corporal, o homem primitivo pode ter vindo do macaco –, sugerindo, de forma surpreendente e dando uma guinada de 180 graus no arrazoado que vinha desenvolvendo antes, *que não existe nada de impossível nisso*. Argumenta que em vez de se fazer para o Espírito um corpo especial, *ele teria encontrado um pronto.* Mas enfatiza que isso *é apenas uma hipótese* porque, embora os corpos se assemelhem, não há igualdade entre o espírito do homem e o do macaco. *Se essa hipótese fosse confirmada* – prossegue –, o que pode ter acontecido é que a espécie nova, formada pelos homens, teria se afastado gradativamente da espécie primitiva. O tronco se dividiu em dois e o novo ramo se tornou tronco.

Muitos estudiosos de hoje – homens e mentores espirituais – adotam *essa controversa hipótese de terceiros* mencionada por Kardec, mas é preciso convir que uma análise profunda, cruzada e comparativa dos elementos e postulados de nossa Doutrina, no que tange a esse aspecto, demonstra com serena firmeza a sua improbabilidade e até mesmo impossibilidade. Darwin, que muitos citam para reforçar essa tese, nunca disse que o homem veio do macaco. Ele afirmou que homens e macacos descendem de um ancestral comum, um primata (ordem de mamíferos que compreende o homem, os macacos e formas relacionadas), que teria existido há mais de 6 milhões de anos em algum lugar da África. Esse ancestral comum teria dado origem a duas linhagens distintas, e dessa divisão resultaram, por um lado, os macacos, e, por outro, os humanos.

Antes do aparecimento do homem na Terra só havia animais, o que demonstra que o surgimento de animais e homens não foi simultâneo – aqueles precederam estes de algumas centenas de milhões de anos –, e os homens, ao chegarem aqui, se revestiram de corpos especiais porque as suas necessidades eram também especiais. Ao contrário do corpo dos animais, *que não está submetido a aperfeiçoamento,* o dos homens é manipulável e se modifica e aperfeiçoa sob o comando dos novos habitantes.

Como o princípio das coisas está nos segredos de Deus, Kardec registra duas hipóteses correntes em seu tempo a esse respeito (hipóteses de terceiros, frise-se), que podem ser formuladas da seguinte maneira:

a) segundo uns, o Espírito não chega ao período humano *senão depois de se haver elaborado e individualizado nos diversos graus dos seres inferiores da Criação.*

b) segundo outros, o Espírito do homem *teria pertencido sempre à raça humana, sem passar pela fieira animal.*

Ainda de conformidade com o Codificador, o primeiro desses sistemas tem a vantagem de dar um objetivo ao futuro dos animais (porque os animais, evoluindo, se tornariam homens um dia); já o segundo é conforme à dignidade do homem (porque o isentaria de descender desses ancestrais “indesejáveis”). E o mestre lionês, dando maior ênfase à segunda hipótese, desenvolve-a com as seguintes reflexões, que condensamos:

As espécies animais são estanques, ou seja, não se comunicam entre si, constituindo-se cada uma um tipo absoluto. A ostra sempre será ostra, o peixe, peixe, o pássaro, pássaro e o quadrúpede, quadrúpede. Os animais dos mundos superiores também constituem raças distintas, mais evoluídas que as da Terra, mas sem nenhum parentesco com estas. Com o homem é diferente. Embora ele seja um elo da cadeia dos seres vivos, há, do ponto de vista moral, solução de continuidade (isto é, interrupção) entre ele e os animais: ele tem uma centelha divina chamada alma que lhe proporciona a sua individualidade, e que lhe dá o senso moral e um alcance intelectual que os animais não têm.

Essas duas hipóteses sobre a origem do homem, apresentadas por Kardec, podem ser consideradas ambas corretas, desde que analisadas sob um prisma cósmico: pela primeira, o espírito não chega ao período humano senão depois de se haver elaborado e individualizado nos diversos reinos da Natureza (e isto ocorre *não no mesmo planeta,* mas cada fase em um planeta diferente, como veremos mais adiante, no item 5); pela segunda, o espírito do homem teria sempre pertencido à raça humana, sem passar pela fieira animal (isto também é correto, visto que o espírito humano, embora proceda do reino animal, não passa pela fieira animal *no mesmo planeta*). A primeira dá uma finalidade à vida dos animais; a segunda dá dignidade ao homem.

Do exposto anteriormente, e reformulando agora alguns conceitos fundamentais desta exposição para que as ideias aflorem com naturalidade e se tornem mais explícitas, podemos extrair alguns princípios e elaborar as seguintes conclusões:

Os primeiros humanoides

1. Os primeiros humanoides que habitaram a Terra, quando esta ofereceu condições para esse tipo de humanização, foram, primeiro, os espíritos que faliram logo no início de sua trajetória evolutiva e, portanto, por ainda serem rústicos, estariam relativamente de acordo com o agressivo ambiente ecológico daqueles dias ancestrais; e, segundo, os que faliram já numa etapa avançada de sua evolução, mas, dada a gravidade da falta, teriam de corrigi-la em mundos primitivos. Estes teriam descido à Terra como descendentes daqueles.

O formidável útero da Natureza

2. Esses hominídeos, sem nenhum parentesco *neste mundo* com os chimpanzés ou com quaisquer outros tipos de animais, surgiram em várias partes do planeta ao mes-

mo tempo (exatamente como aconteceu com os animais e as plantas), assinalando os pródromos do gênero *Homo,* que depois se subdividiria em várias espécies, culminando no *sapiens,* o último remanescente do gênero *Homo,* que deu origem à Humanidade atual.

O útero que gerou o primeiro homem foi o mesmo que gerou os primeiros animais: *o útero da Natureza,* de onde ele, por atração magnética nesses primeiros tempos, e sempre sob a assistência dos Espíritos superiores encarregados desse departamento da Criação, materializou os seus primeiros envoltórios físicos, aperfeiçoando-os através de longas eras, até atingir o ponto de torná-los aptos à procriação.

O homem é um ser à parte

3. André Luiz assevera que o corpo humano *nasceu das formas primárias da Natureza,* e a Kardec as Entidades Superiores disseram que a espécie humana *estava entre os elementos orgânicos do planeta.* Emmanuel afirma que, com o protoplasma, Jesus lançou à superfície do mundo *o germe sagrado dos primeiros homens.* Disseram também as Entidades Superiores que, em relação aos animais, *o homem é um ser à parte;* que entre a alma do homem e a dos animais *existe um abismo tão profundo quanto entre a alma do homem e Deus.* A alma do homem e a do animal são tão distintas que uma *não pode animar o corpo da outra;* a composição fluídica entre ambas é incompatível e inassimilável, impossibilitando o acasalamento e a procriação.

O corpo do homem, portanto, não procedeu de nenhum animal (o que, se ocorresse, constituir-se-ia, biologicamente, em uma *aberração* da Natureza), mas, à semelhança do corpo dos animais no início, nasceu da agregação dos fluidos ambientes pela ação atrativo-magnética do espírito, sob assistência invisível superior, e mais tarde começou a reproduzir-se sexualmente.

O homem deixa a floresta

4. Como os primeiros homens que aportaram por aqui estavam iniciando uma nova espécie no meio de espécies animais que já eram senhoras desse hábitat havia algumas centenas de milhões de anos, pareceu-lhes, a princípio, que essas espécies eram superiores a si. Daí o seu desejo de imitá-las no começo, até que o perispírito, exercendo sobre aquele maleável corpo primitivo o seu poder modelador, levou o homem a andar sobre dois pés, a caminhar ereto e a usar suas mãos para fabricar ferramentas (o que os animais só fazem de forma rudimentar, e por imitação, sem progressão), revelando, destarte, o nível superior de seu progressivo despertamento intelectual.

Com isso, o homem, distanciando-se psicologicamente dos animais, distanciou-se fisicamente também do meio deles: deixou a floresta e foi conquistar o tacape, a lança, o fogo, a roda, a savana, a pradaria, as montanhas, os continentes, os oceanos, o mundo, os céus, o Universo, o Infinito. Enquanto isso, desde a sua origem até os dias de hoje, os animais, sem mudar fisicamente de nível, continuaram e continuam a usar garras, presas, bicos e outras ferramentas naturais para sua sobrevivência, sem qualquer tipo de progresso.

O envoltório fluídico dos animais não lhes permite progresso físico similar ao do homem, porque, sendo estritamente adaptado pela Providência Divina às limitações de cada espécie, estas não progridem como espécie, obrigando o princípio espiritual (que progride) a transitar de uma para outra, percorrendo os elos contíguos da cadeia animal, à medida que avança para o objetivo final, que é a evolução.

O homem, ao contrário, só habitará uma espécie de corpo, desde o homem primitivo ao arcanjo sideral, levando esse corpo, de seu estado mais grosseiro e rudimentar, até o ponto em que, no futuro, sua carne se dissolva lenta e progressivamente como a neve sob o Sol, para transformar-se na leveza sem-par de um perispírito de luz. O ser psíquico que habita o animal precisa progredir, ao passo que o homem já progrediu em outros orbes e, ao descer à carne, "perde" ou, melhor, tem adormecidas ou ensombradas algumas faculdades intelectuais por as haver conspurcado anteriormente (questão 220 de *O livro dos espíritos*), *precisando agora recordar o que aprendeu lá*. O homem só voltará a progredir quando retornar ao ponto em que faliu, quando foi, então, precipitado no Lete, o rio do esquecimento na mitologia grega, isto é, a matéria.

Nenhum espírito humano se formou na Terra

5. Quando um astro ou planeta é formado, ele tem uma duração limitada no tempo. De acordo com estimativas da ciência, nosso Sol foi formado há cerca de 4,7 bilhões de anos, passará por várias fases evolutivas e, no futuro, por volta dos 12 bilhões de anos, se tornará uma gigantesca estrela vermelha; seu raio, nessa fase, aumentará entre 100 e 200 vezes; em 12,4 bilhões de anos seu núcleo perderá o halo (ou seja, sua coroa de luz) e se transformará em uma estrela anã branca; e com a perda de calor lenta e gradual, aos 13,5 bilhões de anos ele será uma estrela anã negra, apagada, fria e morta, a caminho de sua desintegração atômica no Universo.[1]

Imaginemos agora, apenas para argumentar, que a nossa Terra tenha também esse mesmo prazo de validade do Sol, ou seja, 13,5 bilhões de anos (embora, naturalmente, deva ter menos, pois ela, como vimos, teria o tamanho de uma uva se o Sol tivesse 150 cm de diâmetro). Quando ela foi formada, entraram em sua composição elementos de ordem material, energética e psíquica, trazidos do espaço ou de outros planetas que se desagregaram. Eles entraram em sua composição porque são elementos fixos na formação dos planetas.

O espírito do homem não entrou em sua composição; ele só viria muito mais tarde (já formado e munido de perispírito, que conquistou evoluindo em outros sítios do

---

1 WIKIPEDIA (Internet), "Sistema Solar". Acesso em maio/2017.

Universo), quando o planeta lhe deu condições de habitabilidade. O espírito do homem é um passageiro eventual dessa nave cósmica, podendo aportar, quando necessário, à semelhança de ave migradora, em quaisquer planetas de condições similares.

Durante o prazo de vida terrestre, aqueles três elementos originais irão amadurecer continuamente, e quando um dia a Terra se dissolver no espaço por desagregação atômica (hipoteticamente no final dos 13,5 bilhões de anos), eles serão utilizados por outros Cristos Planetários na composição de seus novos planetas.

Mas cada um desses elementos, para mudar de fase, terá que amadurecer durante toda a vida útil da Terra (desde o dia de sua formação até o de sua dissolução no espaço) e será utilizado por outro Cristo, na formação de seu planeta, *em uma fase acima daquela em que ele se situava quando foi empregado aqui.* O elemento que entrou na formação de nosso planeta como matéria, sairá como energia e assim será empregado na formação de um novo orbe; o que entrou como energia, sairá como psiquismo e assim será empregado na formação de um novo planeta; e o que entrou como psiquismo sairá como um espírito apto a receber e desenvolver seu perispírito nas regiões próprias do reino invisível.

É o que revelou Sua Voz, conforme transcrição no Capítulo I deste livro: "Na periferia a matéria não é mais matéria, mas é energia; e, como a substância há mudado de forma, *deslocando seu ser de uma fase para outra,* assim muda a sua dimensão, que não é mais espaço mas é tempo". Serão necessários, portanto, 13,5 bilhões de anos (a vida útil de um planeta, segundo nossa hipótese) para cada um desses elementos amadurecer, transubstanciar-se e mudar de fase.

Como foi estabelecido na exposição doutrinária, quando o Cristo formou nosso planeta, Ele buscou esses três elementos no espaço e em outros orbes em dissolução, e integrou-os neste mundo para sua evolução automática através dos tempos. E os espíritos humanizáveis e humanizados que vieram aportar por aqui muito mais tarde, para habitar suas várias esferas invisíveis e o plano material, *já se encontravam em evolução em outros mundos desde antes da formação da Terra*. Desde aquele tempo, um seleto e mais avançado grupo de espíritos, que viria habitar a Crosta no futuro, já se encontrava compromissado com o Cristo para trabalhar em prol de sua redenção e da redenção dos bilhões de futuros habitantes do planeta a ser formado.

As evidências dessa surpreendente realidade podem ser encontradas em várias passagens da Bíblia Sagrada (que é a mais profunda fonte da Sabedoria Divina, cifrada, que já baixou a este mundo), mas principalmente nos Evangelhos, no Apocalipse e nas epístolas do Apóstolo Paulo:

a) Diz o Evangelho segundo João (1:1/3) que "No *princípio* era o Verbo [Jesus], e o Verbo estava com Deus, e o Verbo era Deus. Todas as coisas foram feitas por intermédio dele, e, sem ele, nada do que foi feito se fez".

Esta palavra *princípio,* como é evidente, se refere ao tempo da criação ou formação da Terra por Jesus, há 4,7 bilhões de anos. E ela volta a ser empregada pelo Cristo, *com o mesmo sentido,* nesse mesmo Evangelho (15:26/7), quando o divino Mestre, dirigindo-se a seus discípulos, faz a seguinte referência ao Espírito da Verdade:

"Quando, porém, vier o Consolador, que eu vos enviarei da parte do Pai, o Espírito da Verdade, que dele procede, esse dará testemunho de mim; e vós também testemunhareis, *porque estais comigo desde o princípio*".

Ao dizer que os discípulos estavam com Ele *desde o princípio,* Jesus se referia ao princípio deste mundo, e não ao princípio de sua missão naquela existência, porque os discípulos conviveram com Ele, na Palestina, apenas por três anos e meio antes de sua ascensão. Ou seja, quando Jesus formou o planeta, os discípulos já estavam comprometidos com Ele a redimirem-se, trabalhando em prol do gênero humano.

Aliás, para quem tem olhos de ver, os apóstolos e discípulos do Cristo podem ser encontrados no Velho Testamento, desde o alvorecer da história, como seus patriarcas e profetas (à semelhança do profeta Elias, por exemplo, que reencarnou como João Batista), e voltariam, 1.800 anos depois do início da Era Cristã, segundo o divino Mestre (João, 15:26/7), para testemunhar a verdade ao lado do Consolador, por ocasião do advento do Espiritismo. Na verdade, eles continuam hoje presentes no mundo dando sequência à missão que esposaram e assim permanecerão pelo futuro adentro, até a redenção da espécie humana, pois cumpre que todos os que começaram a obra a concluam.

b) Diz Jesus, em João, 17:14, em sua oração sacerdotal, dirigindo-se a Deus e referindo-se a seus discípulos e a Si mesmo: "Eu lhes tenho dado a tua palavra, e o mundo os odiou, *porque eles não são do mundo, como também eu não sou*". Abstração feita do aspecto moral com que Jesus tonalizou essa assertiva, podemos estender seu sentido também quanto à origem do espírito, dizendo, sem forçar a acepção, que não só Jesus e seus discípulos não eram do mundo, como na Terra, evidentemente, nenhum habitante humano jamais o foi.

c) Na parábola do Grande Julgamento (Mateus, 25:31/46), Jesus faz a seguinte revelação, no verso 34: "[...] então, dirá o Rei aos que estiverem à sua direita: Vinde, benditos de meu Pai! Entrai na posse do reino *que vos está preparado desde a fundação do mundo*".

Isto significa que os que vieram para este planeta e, redimindo-se, iriam entrar na posse do reino em decorrência da pregação do Cristo, já existiam ao tempo da fundação do mundo, espalhados pelo Universo, e é para eles que o reino estava sendo preparado.

d) Lemos, em Apocalipse, 17:8: "E aqueles que habitam sobre a terra, *cujos nomes não foram escritos no Livro da Vida desde a fundação do mundo,* se admirarão, vendo a besta que era e não é, mas aparecerá". Se os nomes dos adoradores da besta não foram escritos no Livro da Vida desde a fundação do planeta, é porque eles já existiam naquele tempo (e tinham nomes, isto é, podiam ser individualizados), mas não mereceram a graça desse registro.

e) Encontramos, finalmente, em Efésios, 1:3/4 (Bíblia de Jerusalém, 1. ed. 2013), esta bela previsão profética revelada ao mundo por intermédio do Apóstolo Paulo:

"Bendito seja o Deus e Pai de Nosso Senhor Jesus Cristo, que nos abençoou com toda a sorte de bênçãos espirituais, nos céus, em Cristo. Nele nos escolheu *antes da fundação do mundo,* para sermos santos e irrepreensíveis diante dele no amor."

Conforme a inspiração superior revelou a Paulo, Deus já havia escolhido, *antes da fundação do mundo,* os que aceitariam a pregação de Jesus e entrariam no seu reino. Isto pode parecer surpreendente para nós, que, como simples bactérias pensantes ante a Sabedoria infinita, costumamos projetar em Deus a nossa insapiência e incompletude. Como não conhecemos o futuro de nossos filhos e às vezes nos surpreendemos com o que lhes acontece, acreditamos que o mesmo deva acontecer com o Pai, esquecendo-nos de que, para Deus, mil anos são como o dia de ontem que passou (Salmos, 90:4), e que, também para Ele, passado, presente e futuro são a *instantaneidade* na Eternidade. Basta, porém, uma *leitura tridimensional do Evangelho* para que a realidade de que *já existíamos desde a fundação deste mundo* ressalte com persuasivo vigor.[2]

[2] Entendemos por leitura tridimensional do Evangelho aquela que, enquanto os olhos físicos do leitor percorrem o texto, seus olhos espirituais enxergam por baixo das linhas – num quadro móvel, virtual e vivo – as imagens reais do que aconteceu e que as palavras não conseguem traduzir.

O tempo assume perspectivas diferentes se visto da Terra, do espaço ou sob o prisma espiritual. Para nós, um milhão de anos é um tempo imensurável. Mas para os espíritos pode ter a duração de um relâmpago, como podemos ver na questão 224-a de *O livro dos espíritos*, quando Kardec trata do intervalo que ocorre entre uma encarnação e outra de um mesmo espírito:

224-a – Qual pode ser a duração desses intervalos?

"Desde algumas horas *até alguns milhares de séculos*. Aliás, não há, propriamente falando, um limite extremo estabelecido para o estado errante, que pode prolongar-se por muito tempo, mas que nunca é perpétuo. Cedo ou tarde, o Espírito encontra sempre oportunidade de recomeçar uma existência que sirva à purificação das suas existências anteriores."

Milhares de séculos entre uma encarnação e outra! Mil séculos são 100 mil anos. Como o *Homo sapiens* está na Terra há cerca de 200 mil anos, um desses espíritos necessitados de encarnação, mas que não vê lucro nela, teria, em média, encarnado apenas duas vezes nesse período. Mas as Entidades Superiores disseram a Kardec *alguns milhares de séculos* entre uma encarnação e outra, ou seja, esse espírito displicente poderia, usando de seu livre-arbítrio, nem ter encarnado desde o surgimento do homem neste mundo! Ele teria ficado na erraticidade ou no Umbral, estacionado no seu orgulho ou sentado no seu cabresto, e assim poderá permanecer, nessa invernia d'alma, não eternamente, mas talvez por alguns milhões de anos.

Nenhum espírito humanizado ou humanizável que hoje compõe o nosso planeta teve seu nascedouro na Terra, porque 4,7 bilhões de anos não são tempo hábil para isso. Ele veio de outros mundos, por onde passou pelos três reinos e, quando atingiu o ponto de merecer um perispírito, começou a sua evolução pelo Infinito, vindo a aportar na Terra em duas vertentes: os humanizáveis, nas esferas invisíveis do planeta; e os que faliram, na Crosta terrestre, no meio da floresta, entre os macacos, para imitá-los no começo e superá-los pouco tempo depois. *Mas fazendo para si seu próprio corpo (como vimos no estudo comparado de várias fontes de nossa Doutrina), e não tomando-o emprestado dos seres brutos da floresta, como sugerem hipóteses de terceiros, já desintegradas pelo tempo.*

O hominídeo que habitava este mundo havia alguns milhões de anos, e que há 200 mil anos deu origem ao *Homo sapiens,* já foi à Lua e está se preparando para ir a outros planetas. Enquanto isso, os animais continuam animais, e assim permanecerão até "a extinção de suas raças" (como revela Erasto, no Capítulo VII deste livro), assim como outros princípios magnéticos e psíquicos, ainda presos ao planeta, só serão liberados no futuro, quando este globo se reduzir a uma nuvem de poeira sideral.

As raças humanas primitivas da Terra eram constituídas pelos seres conscientes que faliram em vários pontos do Universo logo no início de sua evolução. Os *sapiens* e outras espécies humanas de seu tempo já eram constituídos por espíritos com uma bagagem espiritual muito mais avançada que a dos hominídeos que os precederam. E a raça adâmica, quando chegou à Terra, por volta de 4 mil anos a.C. (questão 51 de *O livro dos espíritos*), era constituída por espíritos de altíssima evolução intelectual, mas que empregaram sua inteligência para o mal em seus planetas de origem. Por isso, ao chegarem aqui, escravizaram as raças autóctones, construíram impérios, promoveram a guerra e imprimiram um progresso intelectual extraordinário à Humanidade, como o pode comprovar um olhar panorâmico pelo mundo inteiro nos dias de hoje.

O estudo dos efeitos e consequências produzidos pela presença desses seres exilados na Terra nos leva a dividi-los didaticamente em quatro categorias: primeira, os que foram encerrados no Abismo por um período simbólico de mil anos; segunda, os hominídeos (primeiros habitantes da Crosta, há cerca de 8 milhões de anos); terceira, os primeiros representantes do *Homo sapiens arcaico* (há cerca de 400 mil anos) e, quarta, a raça adâmica (há cerca de 4 mil anos). Todas essas datas estão sujeitas a chuvas e trovoadas, porque faltam muitas páginas no livro da História, e os primeiros capítulos, embora possam estar registrados nos arquivos acásicos ou espirituais do planeta, ainda não apareceram na Crosta terrestre.

Dessas quatro categorias, a primeira é a que teve falência mais grave ou, melhor, gravíssima, por isso foi aprisionada no Abismo (a esfera mais primitiva, no interior da Terra), "para que não mais enganasse as nações" (Apocalipse, 20:3), como seus integrantes faziam nos mundos onde faliram e de onde foram expulsos. As profecias sinalizam que esses exilados nunca habitaram a Crosta terrestre, mas serão autorizados, em futuro próximo, a sair do Abismo e subir à Crosta por pouco tempo (Apocalipse, 20:3;7/8), antes de sua nova transferência para mundos inferiores. O objetivo dessa liberação momentânea e controlada, como foi estabelecido por Jesus em suas parábolas e profecias, é levar esses obsessores, na época da seleção final do planeta, a obsidiar, na Crosta terrestre, as almas voluntariamente invigilantes e aferradas ao mal. Assim – na *consumação do século,* como diz o Evangelho –, essas hordas satânicas estarão colaborando com o Cristo, de forma inconsciente e involuntária, na separação entre joio e trigo, estremando um do outro, exatamente como as formigas separam açúcar de areia.

Isto não deve causar estranheza aos estudiosos da palavra divina, porque o Apocalipse já assinalou que Deus, quando quer, *incute no coração da treva o que deve ser feito* e ela o executa à uma, sem tergiversar, até que se cumpra a vontade do Senhor (17:16/17). E, se necessário ao cumprimento dos desígnios divinos, esses seres voluntariamente relapsos serão conduzidos como se tivessem anzóis no queixo (Ezequiel, 38:4), exatamente como o carreiro conduz os bois com rédeas atadas a argolas em suas narinas. Livre-arbítrio pleno só existe para os que vivem plenamente a Lei divina.

Abrimos aqui um novo parêntese para aprofundar esse tema apocalíptico.

Como visto, essas hordas satânicas, que vieram exiladas de mundos superiores onde viviam para o mal, foram "sepultadas" nos socavões de nosso planeta, na região chamada Abismo, e, quando no futuro nosso mundo entrar na fase chamada de Regeneração, serão transferidas novamente para planetas inferiores, onde talvez continuem isoladas de sua Humanidade normal ainda por mais alguns milênios. Diante desse quadro de Final dos Tempos, é natural que o leitor interessado nesses "enigmas" apocalípticos possa questionar, perguntando como fica a Lei da Evolução, uma vez que essas falanges parecem estar estagnadas no tempo e no espaço, sem nenhum sinal de progresso.

A esse respeito, solicitamos-lhe atentar no caso de Sabino, narrado por André Luiz em seu livro *Ação e reação,* FEB, Capítulo 13, "Débito estacionário". Sabino, filho de Poliana – oligofrênico, paralítico, surdo e mudo de nascença, cuja mente trabalha em circuito fechado –, é um prisioneiro perigoso, engaiolado nos ossos físicos em seu próprio benefício. Encontra-se na carne, submetido a uma provação que poderia ser chamada de "débito estacionário", por haver praticado crimes hediondos tanto no plano físico quanto no espiritual, e por mais de mil anos vir sucumbindo, vaidoso e desprevenido, às garras da criminalidade.

Diz Silas, Instrutor espiritual de André, que Sabino desfruta no presente de *uma pausa na luta, como ensaio de refazimento,* a fim de que possa encarar, no futuro, o montante de seus débitos espirituais, promovendo-lhes solução digna nos próximos séculos, a golpes de férrea vontade na renunciação de si mesmo. E um dia – conclui – atingirá a plena quitação ante a Lei, porque Deus não deserda nenhum de seus filhos e, como o pai amoroso da parábola do filho pródigo, espera a cada um deles, de braços abertos, no final da jornada.

Visto que o macrocosmo está construído como o microcosmo, as falanges satânicas do Apocalipse podem ser enquadradas, de forma análoga, mas com as devidas adaptações, em situação que se assemelha à de Sabino. Mesmo com seus "débitos congelados", progridem também em ritmo lento, sob a disciplina rigorosa da Lei, embora esse progresso possa fugir à nossa percepção, ou mesmo nos parecer inexistente. Pelo fato de vermos os efeitos sem apreciar as causas, não passamos ainda de meros vermes raciocinantes, emaranhados no cipoal de nossos próprios pensamentos. Não obstante isso, podemos afirmar, com razoável probabilidade de êxito, que o ventre de Poliana foi para Sabino o que o ventre do planeta é para essas falanges irredimidas do Infinito: *a abençoada porta de sua redenção.* Sabino e esses espíritos do mal, devido às suas profundas ofensas à Lei, encontram-se muito adoentados. Jesus, porém, é o Médico Divino, e a meta é curá-los, embora isso possa se estender por algumas "eternidades" e o remédio seja muitíssimo amargo.

Fechamos o parêntese.

A segunda leva é constituída pelos seres infraterrestres, analisados pelo Instrutor espiritual Gúbio, e que tendo falido quando ainda dispunham de um livre-arbítrio rudimentar, deram início na Crosta à encarnação dos seres endividados perante a lei (bem como os que faliram gravemente, já estando em fase avançada de evolução, e reencarnaram no seio dessa raça primordial), tendo isto ocorrido quando nossa esfera saía do período primitivo para o de provas e expiações.

A terceira é constituída pelo *Homo sapiens arcaico,* em suas primeiras manifestações neste mundo, e da qual surgiu o *Homo sapiens sapiens,* 200 mil anos depois. E o quarto grupo, cujo exílio ocorreu na Crosta há pouco tempo (4.000 anos a.C.), é formado pela raça adâmica, que imprimiu um forte impulso evolutivo à sociedade terrestre, desde a fundação dos primeiros impérios, e que está até hoje entre nós (ou somos nós), governando as nações com mão de ferro e ameaça de guerra nas estrelas.

Para os animais o homem é deus

6. Quanto às duas hipóteses sobre a origem do homem mencionadas por Kardec, podemos concluir, ajustando agora a mira, que ambas estão corretas, desde que sejam analisadas sob a perspectiva cósmica que norteia a composição deste trabalho.

Pela primeira hipótese, o espírito não chega ao período humano senão depois de se haver elaborado e individualizado nos diversos graus dos seres inferiores da Criação. É exatamente o que acontece, desde que se entenda que o ser passa de fase em fase, cada fase (mineral, vegetal e animal) em um planeta diferente, e não todas as fases num mesmo planeta. Esta visão dá um objetivo ao futuro dos animais e explica por que há minerais, plantas e animais fluídicos nos mundos superiores (questão 591 de *O livro dos espíritos*).

Pela segunda hipótese, o espírito do homem teria pertencido sempre à raça humana, sem passar pela fieira animal. Também está correta, desde que se entenda que, *na Terra,* ele sempre pertencerá à raça humana, porque *aqui* ele nunca animou a pedra, nem a planta, nem o animal. Ele viveu essas fases em outros mundos que já não existem mais, pois já se dissolveram no espaço.

Esta visão também dá dignidade ao homem. E ela explica de forma racional e lógica o porquê da inexistência, na Terra, do chamado *elo perdido* ou fóssil de transição – esse hipotético ancestral comum entre os chimpanzés e os seres humanos, que durante algum tempo interessou à ciência –, porque a raça humana não procedeu, *em nosso orbe,* da raça animal, havendo, portanto, um hiato cósmico que não pode ser preenchido em nosso planeta, ou em qualquer outro, entre o animal e o homem. Há, entre o animal e o espírito do homem, as eternidades que esse mesmo espírito vivenciou pelos universos, evoluindo sempre, após receber o perispírito e o precioso dom do livre-arbítrio.

Essa tese é corroborada por Edgard Armond (1894-1982), respeitado professor e escritor espírita, responsável pela implantação da Federação Espírita do Estado de São Paulo (FEESP):

"Se a ciência, até hoje, não descobriu esses tipos intermediários é porque eles, realmente, *não existiram na Ter-*

ra: foram plasmados em outros planos de vida, onde os Prepostos do Senhor realizaram a sublime operação de acrescentar ao tipo animal mais perfeito e evoluído de sua classe, os atributos humanos que, por si sós – conquanto aparente e inicialmente invisíveis –, dariam ao animal condições de vida enormemente diferentes e possibilidades evolutivas impossíveis de existirem no reino animal, cujos tipos se restringem e se limitam em si mesmos."[3]

O tempo é tão relativo para o espírito que, quando Jesus formou este planeta, já era deus, como informa o princípio do Evangelho de Jesus segundo João, e nós, os seres racionais, já éramos dotados naquele tempo (há 4,7 bilhões de anos) de perispírito e evoluíamos em outros orbes do Universo. Quando fomos degredados para cá e Jesus nos visitou há dois mil anos, Ele disse, ao dirigir-nos a palavra, que nós também já éramos deuses (João, 10:34/6).

Por isso é que as Entidades Superiores disseram ao Codificador que *"entre a alma dos animais e a do homem há tanta distância quanto a que existe entre a alma do homem e Deus"*. Podemos dizer, assim, que, como deuses, embora ainda devedores, estamos mais ou menos no meio do caminho da evolução, porém mais próximos de Jesus do que dos animais ou de Deus, o que não deixa de ser um grande conforto espiritual para nós. Neste planeta os animais nunca serão deuses; terão que mudar de fase, evoluir em

[3] ARMOND, Edgard. *Os exilados de capela,* 12. ed., 1978, São Paulo, IV, "No tempo dos primeiros homens", p. 36.

outros orbes, tornarem-se espíritos humanizáveis revestidos de perispírito para chegar aonde chegamos. A vida útil de um planeta, em comparação com o espírito, tem a duração de um relâmpago na Eternidade. Para entender isto, é preciso ter uma cosmovisão intelectiva e uma compreensão espiritual compatíveis com a visão de Sua Voz:

"Meu olhar contempla a Terra, quando o homem ainda não a habitava e também a vê, no futuro distante, morta, a navegar no espaço como um ataúde de todas as vossas grandezas. Vejo vosso sol moribundo, depois morto e em seguida chamado a uma nova vida. Vejo, além desse átomo que é o vosso planeta, uma poeira de astros a revolutearem sem cessar pelos espaços infinitos, e todos eles transportando consigo humanidades que lutam, sofrem, vencem e se elevam."[4]

Destaques deste Capítulo

- A vida microscópica começou neste planeta há cerca de 3,6 bilhões de anos. Os espíritos humanizados só aportaram por aqui há poucos milhões de anos, dando início ao gênero *Homo*. E eles não nasceram de um casal: surgiram em várias partes do globo, exatamente como os animais, ou seja, *não houve um primata original cuja descendência se dividiu em humanos e símios:* cada espécie teve um corpo formado especialmente para si.

---

[4] UBALDI, Pietro. *Grandes mensagens,* 4. ed. Campos/RJ: Fundápu, "Mensagem do perdão".

- Quando o homem surgiu, os animais já estavam aqui havia centenas de milhões de anos, sendo, pelo aspecto físico, mais bem-aparelhados e espertos que ele. E como pôde o homem, nessas condições, vir a ter a direção do planeta? Pôde porque ele era, nesse meio, espiritualmente muito superior aos animais entre os quais veio habitar. Os animais tinham que evoluir; o homem tinha que recordar e crescer, *porque sua inteligência já estava conquistada.*
- Segundo André Luiz, o corpo do homem *nasceu das formas primárias da Natureza,* e segundo Allan Kardec, *porque estava entre os elementos orgânicos contidos no globo terrestre.* Uma vez espalhados sobre a Terra, eles absorveram em si os elementos necessários à sua formação para os transmitir, depois, segundo as leis da reprodução.
- A impossibilidade de o homem ter vindo do animal *neste planeta* pode ser deduzida pelas seguintes informações de nossa Doutrina:
    1. as espécies foram formadas de maneira distinta, *sem procederem umas das outras;*
    2. o homem, em comparação com o animal, *é um ser à parte,* pois tem a faculdade de pensar que o animal não tem;
    3. há tanta distância *entre a alma do homem e a do animal* quanto a que existe *entre a alma do homem e Deus;*

4. são tão distintas que a alma de um *não pode animar* o corpo criado para o outro;
5. não há possibilidade de fusão genética entre símios e humanos porque se encontram, evolutivamente, *em graus não assimiláveis,* o que impediria, em princípio, a reprodução material;
6. Deus dispõe de meios mais misericordiosos para propiciar a evolução de seus filhos, sem precisar colocar um espírito humanizado no ventre de uma besta.

- Kardec, *citando a hipótese de terceiros* de que, devido à semelhança corporal, *o homem primitivo pode ter vindo do macaco,* sugere que não existe nada de impossível nisso, pois, assim, o homem já teria encontrado um corpo pronto. Mas enfatiza que isso *é somente uma hipótese.*
- Demolindo essa hipótese, um estudo ponderado e unificado de nossa Doutrina revela que o corpo do primeiro homem não procedeu de nenhum animal, mas, à semelhança do corpo dos animais no início, nasceu da agregação dos fluidos ambientes pela ação atrativo-magnética do espírito, sob assistência invisível superior, e mais tarde começou a reproduzir-se sexualmente.
- Os três elementos que entraram originalmente na formação da Terra tinham que evoluir compulsoriamente, ao passo que o homem, que só viria muito mais

tarde, já chegou aqui evoluído, mas degredado e degradado, em decorrência de uma sentença divina de disciplinamento.

- Esses três elementos amadurecem durante a existência útil do planeta e só com a dissolução do orbe mudam de fase (de matéria para energia e de energia para psiquismo), *deslocando seu ser de uma fase para outra* (como ensina Sua Voz), sendo empregados em sua nova fase na formação de outros mundos.
- Quando um espírito humanizado habita um planeta, em qualquer regime de disciplinamento em que se encontrar, ele é livre para imprimir a velocidade que quiser à sua evolução, sendo para ele apenas como um relâmpago na Eternidade o tempo de vida útil de um mundo (cerca de 13,5 bilhões de anos, segundo nossa hipótese).
- Nenhum espírito humanizado ou humanizável que hoje compõe o nosso planeta teve seu nascedouro na Terra: ele veio de outras esferas, por onde passou pelos três reinos, e quando o Cristo formou este planeta, esse espírito (ou seja, nós) já evoluía em outros sítios do Universo como ser pensante.
- Os que foram exilados na Terra podem ser divididos em quatro categorias: 1. os que faliram de forma gravíssima e estão confinados no Abismo; 2. os infraterrestres, que deram origem ao primeiro homem (e os que faliram gravemente já num estágio avançado, como no

caso de ateísmo); 3. os que formaram o gênero *Homo;* e 4. os que deram origem à raça adâmica.

- As duas hipóteses sobre a origem do homem, apresentadas por Kardec, podem ser consideradas ambas corretas, desde que analisadas sob um prisma cósmico, tal como exposto nesta obra.

CAPÍTULO XIII

Os antropoides e a raça adâmica

Emmanuel

O reino animal experimenta as mais estranhas transições no período terciário, sob as influências do meio e em face dos imperativos da lei de seleção.

Mas, o nosso raciocínio ansioso procura os legítimos antepassados das criaturas humanas, nessa imensa vastidão do proscênio [palco] da evolução anímica.

Onde está Adão com a sua queda do paraíso? Debalde nossos olhos procuram, aflitos, essas figuras legendárias, com o propósito de localizá-las no Espaço e no Tempo. Compreendemos, afinal, que Adão e Eva constituem uma lembrança dos Espíritos degredados na paisagem obscura da Terra, como Caim e Abel são dois símbolos para a personalidade das criaturas.

Examinada, porém, a questão nos seus prismas reais, vamos encontrar os primeiros antepassados do homem sofrendo os processos de aperfeiçoamento da Natureza. No período terciário a que nos reportamos, sob a orientação das esferas espirituais notavam-se algumas raças de antropoides [seres parecidos com o homem], no Plioceno inferior. Esses antropoides, antepassados do homem terrestre, e os ascendentes dos símios que ainda existem no mundo, tiveram a sua evolução em pontos convergentes, e daí os parentescos sorológicos entre o organismo do homem moderno e o do chimpanzé da atualidade.

Reportando-nos, todavia, aos eminentes naturalistas dos últimos tempos, que examinaram meticulosamente os transcendentes assuntos do evolucionismo, *somos compelidos a esclarecer que não houve propriamente uma "descida da árvore", no início da evolução humana.*

As forças espirituais que dirigem os fenômenos terrestres, sob a orientação do Cristo, estabeleceram, na época da grande maleabilidade dos elementos materiais, *uma linhagem definitiva para todas as espécies,* dentro das quais o princípio espiritual encontraria o processo de seu acrisolamento, em marcha para a racionalidade.

Os peixes, os répteis, os mamíferos, tiveram suas linhagens fixas de desenvolvimento *e o homem não escaparia a essa regra geral.*

Os antropoides das cavernas espalharam-se, então, aos grupos, pela superfície do globo, no curso vagaroso dos séculos, sofrendo as influências do meio e formando os pródromos das raças futuras em seus tipos diversificados; a realidade, porém, é que as entidades espirituais auxiliaram o homem do sílex [homem pré-histórico], imprimindo-lhe novas expressões biológicas.

Extraordinárias experiências foram realizadas pelos mensageiros do invisível. As pesquisas recentes da Ciência sobre o tipo de Neandertal, reconhecendo nele uma espécie de homem bestializado, e outras descobertas interessantes da Paleontologia [ciência que estuda vegetais e animais fósseis], quanto ao homem fóssil, são um atestado dos experimentos biológicos a que procederam os prepostos de Jesus, até fixarem no "primata" os característicos aproximados do homem futuro.

Os séculos correram o seu velário de experiências penosas sobre a fronte dessas criaturas de braços alongados e de pelos densos, *até que um dia as hostes do invisível operaram uma definitiva transição no corpo perispiritual preexistente, dos homens primitivos, nas regiões siderais e em certos intervalos de suas reencarnações.*

Surgem os primeiros selvagens de compleição melhorada, tendendo à elegância dos tempos do porvir.

Uma transformação visceral verificara-se na estrutura dos antepassados das raças humanas.

Como poderia operar-se semelhante transição? perguntará o vosso critério científico.

Muito naturalmente.

Também as crianças têm os defeitos da infância corrigidos pelos pais, que as preparam em face da vida, sem que, na maioridade, elas se lembrem disso.[1]

---

[1] EMMANUEL. *A caminho da luz,* Rio de Janeiro: FEB, 1975, cap II, "Os antepassados do homem" e "A grande transição".

Allan Kardec

43 – Os mundos progridem, fisicamente, pela elaboração da matéria e, moralmente, pela purificação dos Espíritos que os habitam. A felicidade neles está na razão direta da predominância do bem sobre o mal e a predominância do bem resulta do adiantamento moral dos Espíritos. O progresso intelectual não basta, pois que com a inteligência podem eles fazer o mal.

Logo que um mundo tem chegado a um de seus períodos de transformação, a fim de ascender na hierarquia dos mundos, operam-se mutações na sua população encarnada e desencarnada. É quando se dão as grandes emigrações e imigrações.

Os que, apesar da sua inteligência e do seu saber, perseveraram no mal, sempre revoltados contra Deus e suas leis, se tornariam daí em diante um embaraço ao ulterior progresso moral, uma causa permanente de perturbação para a tranquilidade e a felicidade dos bons, *pelo que são excluídos da humanidade a que até então pertenceram e tangidos para mundos menos adiantados,* onde aplicarão a inteligência e a intuição dos conhecimentos que adquiriram ao progresso daqueles entre os quais passam a viver, ao mesmo tempo que expiarão, por uma série de existências penosas e por meio de árduo trabalho, suas passadas faltas e seu *voluntário endurecimento.*

Que serão tais seres, entre essas outras populações, para eles novas, ainda na infância da barbárie, senão *anjos ou Espíritos decaídos,* ali vindos em expiação? Não é, precisamente, para eles, um *paraíso perdido* a terra donde foram expulsos? Essa terra não lhes era um lugar de delícias, em comparação com o meio ingrato *onde vão ficar relegados por milhares de séculos,* até que hajam merecido libertar-se dele? A vaga lembrança intuitiva que guardam da terra donde vieram é uma como longínqua miragem a lhes recordar o que *perderam por culpa própria.*

[...]

47 – Um exemplo familiar, mas frisante pela analogia, ainda mais compreensíveis tornará os princípios que acabam de ser expostos.

A 24 de maio de 1861, a fragata *Ifigênia* transportou à Nova Caledônia uma companhia disciplinar composta de 291 homens. À chegada, o comandante lhes baixou uma ordem do dia concebida assim:

“Pondo os pés nesta terra longínqua, já sem dúvida compreendestes o papel que vos está reservado.

“A exemplo dos bravos soldados da nossa marinha, que servem sob as vossas vistas, ajudar-nos-eis a levar com brilho o facho da civilização ao seio das tribos selvagens da Nova Caledônia. Não é uma bela e nobre missão, pergunto? Desempenhá-la-eis dignamente.

“Escutai a palavra e os conselhos dos vossos chefes. Estou à frente deles. Entendei bem as minhas palavras.

“A escolha do vosso comandante, dos vossos oficiais, dos vossos suboficiais e cabos constitui garantia certa de que todos os esforços serão tentados para fazer-vos excelentes soldados, digo mais: para vos elevar à altura de bons cidadãos e vos transformar em colonos honrados, *se o quiserdes.*

"A nossa disciplina é severa e assim tem que ser. Colocada em nossas mãos, ela será firme e inflexível, ficai sabendo, do mesmo modo que, justa e paternal, saberá distinguir o erro do vício e da degradação..."

Aí tendes um punhado de homens expulsos, *pelo seu mau proceder,* de um país civilizado e mandados, por punição, para o meio de um povo bárbaro.

Que lhes diz o chefe? – "Infringistes as leis do vosso país; nele vos tornastes causa de perturbação e escândalo e fostes expulsos; mandam-vos para aqui, *mas aqui podeis resgatar o vosso passado;* podeis, pelo trabalho, criar-vos aqui uma posição honrosa e tornar-vos cidadãos honestos. Tendes uma bela missão a cumprir: levar a civilização a estas tribos selvagens. A disciplina será severa, mas justa, e saberemos distinguir os que procederem bem. Tendes nas mãos a vossa sorte; podeis melhorá-la, *se o quiserdes,* porque tendes o livre-arbítrio".

Para aqueles homens, lançados ao seio da selvageria, a mãe-pátria não é um paraíso que eles perderam pelas suas próprias faltas e por se rebelarem contra a lei? Naquela terra distante, *não são eles anjos decaídos?* A linguagem do chefe não é idêntica à de que usou Deus falando aos Espíritos exilados na Terra: "Desobedecestes às minhas leis e, por isso, eu vos expulsei do mundo onde podíeis viver ditosos e em paz. Aqui, estareis condenados ao trabalho;

mas, podereis, pelo vosso bom procedimento, merecer perdão e reganhar a pátria que perdestes por vossa falta, isto é, o Céu"?

48 – À primeira vista, a ideia de decaimento parece em contradição com o princípio segundo o qual os Espíritos não podem retrogradar. Deve-se, porém, considerar que não se trata de um retrocesso ao estado primitivo. O Espírito, ainda que numa posição inferior, nada perde do que adquiriu; seu desenvolvimento moral e intelectual é o mesmo, qualquer que seja o meio onde se ache colocado. Ele está na situação do homem do mundo condenado à prisão por seus delitos. Certamente, esse homem se encontra degradado, decaído, do ponto de vista social, mas não se torna nem mais estúpido, nem mais ignorante.

49 – Será crível, perguntamos agora, que esses homens mandados para a Nova Caledônia vão transformar-se de súbito em modelos de virtude? Que vão abjurar repentinamente seus erros do passado? Para supor tal coisa, fora necessário desconhecer a Humanidade. Pela mesma razão, os Espíritos da raça adâmica, uma vez transplantados para a terra do exílio, não se despojaram instantaneamente do seu orgulho e de seus maus instintos; ainda por muito tempo conservaram as tendências que traziam, um resto da velha levedura. Ora, não é esse *o pecado original?*

[...]

38 – De acordo com o ensino dos Espíritos, foi uma dessas grandes imigrações, ou, se quiserem, uma dessas *colônias de Espíritos,* vinda de outra esfera, que deu origem à raça simbolizada na pessoa de Adão e, por essa razão mesma, chamada *raça adâmica.* Quando ela aqui chegou, a Terra já estava povoada desde tempos imemoriais, como a América, quando aí chegaram os europeus.

Mais adiantada do que as que a tinham precedido neste planeta, a raça adâmica é, com efeito, a mais inteligente, a que impele ao progresso todas as outras. A Gênese no-la mostra, desde os seus primórdios, industriosa, apta às artes e às ciências, *sem haver passado aqui pela infância espiritual,* o que não se dá com as raças primitivas, mas concorda com a opinião de que ela se compunha de Espíritos que já tinham progredido bastante.

Tudo prova que a raça adâmica não é antiga na Terra e nada se opõe a que seja considerada como habitando este globo *desde apenas alguns milhares de anos,* o que não estaria em contradição nem com os fatos geológicos, nem com as observações antropológicas, antes tenderia a confirmá-las.

[...]

40 – Adão e seus descendentes são apresentados na Gênese como homens sobremaneira inteligentes, pois que, desde a segunda geração, constroem cidades, cultivam a terra, trabalham os metais. São rápidos e duradouros seus progressos nas artes e nas ciências.

Não se conceberia, portanto, que esse tronco tenha tido, como ramos, numerosos povos tão atrasados, de inteligência tão rudimentar, que ainda em nossos dias rastejam a animalidade, que hajam perdido todos os traços e, até, a menor lembrança do que faziam seus pais. Tão radical diferença nas aptidões intelectuais e no desenvolvimento moral atesta, com evidência não menor, uma diferença de origem.

[...]

45 – A raça adâmica apresenta todos os caracteres de uma raça proscrita. Os Espíritos que a integram foram exilados para a Terra, já povoada, mas de homens primitivos, imersos na ignorância, que aqueles tiveram por missão fazer progredir, levando-lhes as luzes de uma inteligência desenvolvida. Não é esse, com efeito, o papel que essa raça há desempenhado até hoje?

Sua superioridade intelectual prova que o mundo donde vieram os Espíritos que a compõem era mais adiantado do que a Terra. Havendo entrado esse mundo numa nova fase de progresso e não tendo tais Espíritos querido, pela sua obstinação, colocar-se à altura desse progresso, lá estariam deslocados e constituiriam um obstáculo à marcha providencial das coisas. Foram, em consequência, desterrados de lá e substituídos por outros que isso mereceram.

Relegando aquela raça para esta terra de labor e de sofrimentos, teve Deus razão para lhe dizer: “Dela tirarás o alimento com o suor da tua fronte”. Na sua mansuetude, prometeu-lhe que lhe enviaria um *Salvador,* isto é, um que a esclareceria sobre o caminho que lhe cumpria tomar, para sair desse lugar de miséria, desse *inferno,* e ganhar a felicidade dos eleitos. Esse Salvador ele, com efeito, lho enviou, na pessoa do Cristo, que lhe ensinou a lei de amor e de caridade que ela desconhecia e que seria a verdadeira âncora de salvação.

É igualmente com o objetivo de fazer que a Humanidade se adiante em determinado sentido que Espíritos superiores, embora sem as qualidades do Cristo, encarnam de tempos a tempos na Terra para desempenhar missões especiais, proveitosas, simultaneamente, ao adiantamento pessoal deles, se as cumprirem de acordo com os desígnios do Criador.[2]

[2] KARDEC, Allan. *A gênese,* 45. ed. Brasília: FEB, 2004, cap. XI, "Gênese espiritual", itens 43; 47 a 49; 38; 40 e 45.

Comentários ao Capítulo XIII

Lucy foi uma criatura meio símia meio humana que andou pela Terra entre 4 e 3 milhões de anos. Seus restos fósseis foram descobertos em 1974, no norte da Etiópia, pelo antropólogo Donald Johanson (1943-), do Instituto de Origens Humanas de Berkeley. Era quase metade do esqueleto de uma fêmea, com pernas curtas e braços longos e oscilantes, espécie de elo entre o nosso passado e nós. O estudo de seus joelhos e coluna vertebral indica que andava mais ou menos na posição vertical, *e tinha o pé com arcos adequados para caminhar, e não para se agarrar a galhos de árvores.* Esse nome lhe foi dado porque a música que estava sendo tocada no acampamento, quando Johanson e sua equipe comemoravam o feito, era "Lucy in the sky with diamonds", dos Beatles.

O físico e escritor norte-americano Leonard Mlodinow (1954-) diz, brincando, que ela "não era alguém que você convidaria para um baile", e nos leva a uma empolgante viagem em marcha a ré pela pré-história até a casa de Lucy, com direito a uma parada rápida no meio da viagem para um cafezinho com o *Homo habilis.*

Ele nos pede que nos imaginemos morando numa casa, e nossa mãe na casa ao lado, e nossa avó ao lado da casa dela, e assim por diante. Nossa herança humana não é assim tão linear, mas, complexidade à parte, é interessante se imaginar dirigindo por essa rua, recuando no tempo, passando por várias gerações de antepassados. Se o leitor fizesse isso, teria de dirigir quase 6 mil quilômetros para chegar à casa de Lucy, uma "mulher" peluda de 1,20 metros de altura e 32 quilos que pareceria mais um chimpanzé que um parente seu. Mais ou menos no meio do caminho, o leitor passaria pela casa de um antepassado a 100 mil gerações de distância de Lucy, a primeira espécie mais semelhante às pessoas atuais – no esqueleto e, teorizam os cientistas, na mente – a ser classificado no gênero *Homo.* Os cientistas chamaram essa espécie humana, de há 2 milhões de anos, de *Homo habilis,* ou "homem habilidoso".[1]

Por volta de há 2,5 milhões de anos já havia na Terra animais bem parecidos com seres humanos ou seres humanos bem parecidos com animais, que um dia dominariam o mundo, mas esses antropoides não se destacavam dos outros animais e viviam mais ou menos misturados em seu meio. Sua mente bastante animalizada não lhes deixava entrever o que poderiam vir a ser nos milênios futuros e não faziam grande alteração no ambiente, vivendo como podiam e do que encontravam à mão. Segundo uma interpretação antropológica (equivocada, conforme este estudo) que hoje conta com um número majoritário de adeptos nos meios acadêmicos, "há apenas 6 milhões de anos, uma mesma fêmea primata teve duas filhas. Uma delas se tornou a ancestral de todos os chimpanzés; *a outra é nossa avó*".[2]

---

[1] MLODINOW, Leonard. *De primatas a astronautas,* Rio de Janeiro: Zahar, 2015, cap. 2, "Curiosidade".

[2] HARARI, Yuval Noah. *Sapiens – Uma breve história da humanidade,* 6. ed. Porto Alegre: LPM, 2015, cap. I, "Um animal insignificante".

Emmanuel lança um olhar panorâmico sobre a Humanidade primitiva à procura de Adão e se demora a analisar os primeiros antepassados do homem, vindo a encontrá-los no período terciário sofrendo os processos de aperfeiçoamento da Natureza. A evolução em pontos convergentes entre os primeiros antropoides e os símios que ainda existem no mundo – diz ele – explica o parentesco sorológico entre o organismo do homem moderno e o do chimpanzé da atualidade. Mas é compelido a esclarecer (entregando-nos a chave desse enigma) que não houve propriamente uma "descida da árvore" no início da evolução humana, *porque as forças espirituais que dirigem os fenômenos terrestres estabeleceram* ***uma linhagem fixa*** *para todas as espécies, e o homem* ***não escaparia*** *a essa regra geral.*

As ciências antropológicas apoiam Emmanuel:

"Se você pensa que é diferente dos macacos porque tem o cérebro maior que o deles, e acredita que foi por ser mais inteligente que começou a andar com duas pernas, bem, você errou. O seu crânio é mesmo maior, mas o que separou você dos macacos foram os pés. Para os antropólogos, a massa cinzenta do homem só cresceu depois que seus primeiros ancestrais, os hominídeos, ficaram eretos. Aí, tiveram as mãos livres para confeccionar instrumentos e para outras artes – e foram essas tarefas que estimularam o aprimoramento do raciocínio. Mas aí é que está: então por que esses ancestrais, os hominídeos, ficaram de pé? Até hoje, a explicação mais aceita era a seca que há 5 milhões de anos matou parte das matas africanas, forçando nossos ancestrais a virar bípedes. Eles precisavam cruzar rapidamente os descampados para buscar comida. Só que essa ideia já não faz sentido. *Achados recentes mostram que vários hominídeos moravam na mata, e mesmo assim andavam de pé.* E agora? Como admitiu à [revista] Superinteressante o especialista Bernard Wood, da Universidade de Liverpool: 'A nossa velha hipótese virou fóssil.'"[3]

Isto significa em boa lógica, de acordo com Emmanuel e com os achados da moderna antropologia, que o homem primitivo *não desceu da árvore porque ele nunca subiu nela.* Os hominídeos já nasceram com os pés formatados para andar (como os de Lucy) e não para segurar nos galhos, à semelhança das mãos (como os dos macacos). Os mensageiros do Alto foram realizando experiências nos antropoides, imprimindo-lhes novas expressões biológicas e realizando operações em seu corpo perispiritual preexistente, ao longo das gerações e dos milênios (como vimos anteriormente no texto expositivo e como também revela André Luiz em outra passagem[4]), até fixar no "primata" os característicos próximos do ser humano atual. Com isso, os primeiros espíritos humanizados a descer à Crosta terrestre, em seu período primitivo, *foram estabelecidos em uma linhagem própria,* como aconteceu com todos os animais, sem necessidade de descenderem de qualquer outra

[3] http://super.abril.com.br/historia/por-que-descemos-das-arvores – acesso em maio/2017.

[4] LUIZ, André. *Evolução em dois mundos,* 4. ed. Rio de Janeiro: FEB, 1977, cap. III, "Elos desconhecidos da evolução".

espécie, por mais assemelhada que fosse com eles em sua configuração morfológica, como vimos no capítulo anterior. Numa linhagem própria *e no chão da floresta,* é bom que se frise.

A África Oriental teria sido o berço dos humanos, nascidos de uma espécie anterior chamada *Australopithecus* ("macaco do Sul"). Deixaram, aproximadamente há 2 milhões de anos, sua região e se expandiram para o Norte, Europa e Ásia Ocidental. Estes deram origem ao *Homo neanderthalensis* ("homem do vale do Neander"), os neandertais, homens robustos e musculosos mais bem adaptados ao clima frio da Europa. O *Homo erectus* ("homem ereto") povoou as regiões mais ocidentais da Ásia e foi a espécie que mais durou, sobrevivendo por cerca de 1,5 milhão de anos. Tivemos ainda o *Homo Soloensis* ("homem do vale do Solo") na ilha de Java, na Indonésia; o *Homo floresiensis* ("homem da ilha de Flores"), também na Indonésia: essa espécie foi para a ilha quando o nível do mar estava baixo; e quando o nível subiu, não pôde mais sair, passando por um processo de nanismo, por falta de alimentos; o *Homo denisova,* e outros mais. Enquanto isso, novas espécies continuaram a povoar a África Oriental: o *Homo rudolfensis* ("homem do lago Rudolf"), o *Homo ergaster* ("homem trabalhador") e, por fim, a última espécie, porém não a menor, nós, o *Homo sapiens* ("homem sábio"), também conhecido como *homem de Cro-Magnon.*

Essas espécies, em regra, não foram surgindo umas das outras, mas muitas delas conviveram na mesma época, aparecendo em várias regiões do mundo ao mesmo tempo. Há cerca de 100 mil anos havia pelo menos seis espécies diferentes, das quais acabou restando apenas a nossa, não se sabe se devido à miscigenação (mistura entre raças) ou à extinção das demais pelos *sapiens*. Não há elementos para culpar os *sapiens* de genocídio, mas o fato é que, logo que eles chegavam a uma região, a população nativa começava a desaparecer. Há cerca de 100 mil anos eles partiram da África, numa primeira leva; há 70 mil anos espalharam-se, numa segunda leva, pela Península Arábica e de lá para o território da Eurásia e, em seguida, para o restante do mundo, chegando à Austrália há 45 mil anos, à América do Norte há 14 mil anos e à América do Sul há 12 mil anos.

De 10 mil anos a 3 mil anos a. C. começaram os grandes assentamentos humanos, e as cidades passaram a ter até 10 mil indivíduos. O primeiro grande império, o Acadiano, foi construído por Sargão, o Grande, por volta de 2.250 anos a.C., com a presença de mais de um milhão de súditos. Depois vieram os primeiros megaimpérios no Oriente Médio, por volta de 1.000 anos a 500 anos a.C.: o Império Assírio, o Império Babilônico e o Império Persa.[5]

Por volta de 4 mil anos a.C., época do despontamento dos primeiros impérios, é que a raça adâmica apareceu na Terra.

---

[5] HARARI, Yuval Noah. *Sapiens – Uma breve história da humanidade*, 6. ed. Porto Alegre: LPM, 2015, cap. I, "Um animal insignificante".

Kardec revela que, no momento em que um planeta é elevado de nível e sobe um degrau em sua escala evolutiva, a parcela de sua população encarnada e desencarnada que não se integrou nessa promoção é transferida para mundos inferiores, compatíveis com seu estágio espiritual. São, em geral, criaturas muito inteligentes, mas sem evolução moral; por se tornarem embaraço voluntário aos que foram promovidos, são excluídos e rebaixados a mundos onde expiarão suas faltas, aplicando seus conhecimentos entre os seres inferiores de seu novo hábitat. Perderam seu paraíso e, na nova terra de exílio, terão a intuição do céu que desprezaram por culpa própria e serão conhecidos como "anjos decaídos".

Esses exilados são comparados por Kardec a um fato ocorrido em seu tempo: uma companhia com 291 homens que, devido a seu mau proceder, foi degredada de um país civilizado, em 1861, para a Nova Caledônia. No isolamento e rudeza desse novo local, eles recebem as admoestações do comandante, informando-os de que a sua missão, em decorrência de sua pena, é levar o facho da civilização aos selvagens daquele país. Se desejarem, e cumprirem corretamente o que lhes é determinado, poderão tornar-se colonos honrados e bons cidadãos, resgatando o seu passado, no uso pleno de seu livre-arbítrio. São uma espécie de anjos decaídos nessa terra inculta e o comandante lhes fala como Deus falou aos espíritos degredados de um mundo para outro.

Esse decaimento não significa retrogradação, porque o espírito continua com suas aquisições intelectuais e morais intocadas, embora habite agora um meio selvagem. Mas seu reerguimento será lento, porque a velha levedura dos maus sentimentos não é fácil de ser alijada da bagagem espiritual de cada um. Os maus instintos, como a ferrugem no metal, têm a sua aderência e obstinação, permanecendo por vários milênios, à semelhança da mácula agostiniana do "pecado original" que, supostamente, deu causa à queda do homem.

A raça adâmica foi uma dessas colônias exiladas na Terra, vinda de mundos superiores. Por ser muito mais inteligente do que os habitantes que residiam aqui, ela – promovendo o domínio e a guerra – os impele ao progresso logo em suas primeiras gerações nesse meio primitivo. Por já terem progredido bastante, não passaram aqui a sua infância espiritual. Os fatos geológicos e as observações antropológicas provam que ela habita este mundo desde apenas alguns milhares de anos. Podemos dizer que chegaram aqui e, em decorrência de seu alto nível de conhecimento, deram início aos primeiros impérios. E essa sede de poder e domínio, desesperada para manifestar-se, que a horda degredada trazia comprimida em sua mente, é que foi a causa de seu degredo.

Desde então, através desses últimos milênios, Deus lhes vem enviando seus mensageiros para adverti-la e esclarecê-la, na pessoa de profetas e emissários do bem, culminando com a vinda do próprio Cristo há dois mil anos e a implantação do Evangelho da paz e da harmonia nos corações humanos onde já despontava a virtude da humildade. Mas o progresso para os espíritos endurecidos tem sido lento, porque, como ensina o Evangelho, a estrada do mal que leva à queda é larga, mas a do bem e da redenção que reergue o espírito é estreita, exigindo um esforço titânico de todos aqueles que desejam realmente se reintegrar no Amor divino.

Destaques deste Capítulo

- Lucy, um achado fóssil, andou pela Terra entre 4 e 3 milhões de anos *e tinha o pé com arcos adequados para caminhar.*
- Emmanuel esclarece (rasgando o véu desse enigma) que não houve propriamente uma "descida da árvore" no início da evolução humana. *As forças espirituais que dirigem os fenômenos terrestres estabeleceram uma linhagem fixa para todas as espécies, e o homem, que desde o princípio viveu no chão da floresta, não escaparia a essa regra geral.*
- Por que os hominídeos ficaram de pé?. Até hoje, a explicação mais aceita era a seca, ocorrida há 5 milhões de anos, que matou parte das matas africanas, forçando nossos ancestrais a andar sobre os dois pés. Eles precisavam cruzar rapidamente os descampados para fugir de predadores e buscar comida. Só que essa ideia já não faz sentido. *Achados recentes mostram que vários hominídeos moravam na mata e, mesmo sem serem maratonistas, andavam de pé.*

- De acordo ainda com Emmanuel e com os achados da moderna antropologia, o homem primitivo *não desceu da árvore porque ele nunca subiu nela.* Os hominídeos já nasceram com os pés moldados pelo perispírito e formatados para andar (como os de Lucy) e não para segurar nos galhos, à semelhança das mãos (como os dos macacos).
- A África Oriental teria sido o berço dos humanos, nascidos de uma espécie anterior chamada *Australopithecus* ("macaco do Sul"). Deixaram, aproximadamente há 2 milhões de anos, sua região e se expandiram para o Norte, Europa e Ásia Ocidental. Tudo isso iria culminar no *Homo sapiens,* 1.800 milhão de anos depois.
- Há cerca de 100 mil anos havia pelo menos seis espécies humanas diferentes, das quais acabou restando apenas a nossa, não se sabe se devido à miscigenação ou à extinção das demais pelos *sapiens.* Não há elementos para culpar os *sapiens* de genocídio, mas o fato é que, logo que eles chegavam a uma região, a população nativa começava a desaparecer. Parece que desde aquele tempo já tínhamos sangue nas mãos.
- Por volta de 4.000 anos a.C., época do despontamento dos primeiros impérios, é que a raça adâmica apareceu na Terra. Ela foi uma dessas colônias exiladas neste orbe, vinda de mundos superiores. Por ser muito mais inteligente do que os habitantes que residiam aqui, ela os submete e impele ao progresso logo em suas primei-

ras gerações nesse meio primitivo, com a promoção do domínio e da guerra.

- Desde então, através desses últimos milênios, Deus tem enviado seus mensageiros ao homem para adverti-lo e esclarecê-lo, na pessoa de profetas e emissários do bem, culminando com a vinda do próprio Cristo há dois mil anos e a implantação do Evangelho da paz e da harmonia nos corações humanos onde já despontava a virtude da humildade.

Uma visão contínua da evolução do homem primitivo

A comunicação a seguir é um adendo natural à tese que permeia estas páginas, à guisa de coroamento do que foi exposto sobre a formação do planeta e a origem do homem primitivo. É um extrato da obra Roma e o evangelho, *de D. José Amigó y Pellicer, FEB, Parte Segunda, item 28, e tem por autores espirituais João Evangelista e Lammenais. Talvez seja a mais bela e impressionante panorâmica já delineada neste mundo, em obra mediúnica ou não, sobre os primeiros milênios do homem primitivo.*

Aprendemos com Kardec a reconhecer uma linguagem quando é superior, apesar de sua simplicidade, e um conteúdo doutrinário quando procede das Altas Esferas, pela coerência e harmonia de ideias que apresenta, ainda que inovadoras e até mesmo surpreendentes.

É o caso desta mensagem. A visão é tão ampla, autêntica e bela que nossa atenção é sequestrada, a respiração suspensa, a alma comprimida, e somos tomados de um respeito quase sagrado à medida que vamos percorrendo com os olhos a revelação em seu sublime desenvolvimento.

O texto foi condensado para atender aos objetivos deste livro, mas, se lhe aprouver, o leitor poderá conhecê-lo na íntegra, na obra citada. É uma viagem extraordinária, de volta no tempo, que nos posiciona, como observadores especiais, numa confortável poltrona cósmica, ao lado dos Construtores espirituais que laboram nas regiões fluídicas do Cosmos.

Desse ponto privilegiado, envoltos nos vapores primevos da Criação, iremos acompanhar a confecção de nosso planeta em suas múltiplas nuances e, mais tarde, seremos colocados no fulcro da vida diária de nossos ancestrais, para sentir-lhes a pulsação vital e compartilhar, passo a passo, das ansiedades que lhes assinalaram a marcha evolutiva. Este é um momento mágico, que deve ser desfrutado de forma relaxada e sem quaisquer preocupações, degustando-se os matizes de cada passagem dessa primorosa recriação universal proporcionada ao mundo pelos mentores do Infinito. É ler e encantar-se. Os entretítulos são nossos.

Visão do princípio

Elevei-me para além do presente, meus irmãos, e meu espírito descortinou...

Que descortinou meu espírito?

Descortinou o passado e algo do futuro.

Viu primeiro a confusão, o estado caótico primitivo do planeta em que habitais, e minha alma admirou o poder de Deus na esfera da Humanidade.

O caos terrestre estava imerso na luz, na harmonia universal, no fecundo seio do Criador.

Que viu mais?

Viu a nuvem condensar-se, e o caos obedecendo ao impulso da única lei que governa o Universo. A Terra ia surgindo da confusão e rolava e rolava pelo infinito, banhada nos raios do Sol e envolta na luz de miríades de formosíssimas estrelas – e minha alma admirou o poder de Deus em sua sabedoria incriada.

Que mais viu?

Viu levantarem-se da Terra os vapores e a chuva cair torrencialmente, resfriando-a, fecundando-a e preparando-a para os seus grandes destinos. E seu seio virginal, obediente à suprema lei das harmonias, recebia os primeiros germes, a semente da vida, destinada a fecundar os organismos – e minha alma admirou o poder de Deus, em sua inefável providência.

Que mais viu?

Viu a Terra soerguer-se do fundo das águas e separarem-se os mares dos continentes, e o *fluido vivificante* elaborar, no segredo da Natureza e no mistério das forças emanadas da suprema lei, os organismos primitivos.

Um princípio sem princípio, anterior e superior a toda a força, uma lei anterior e superior a toda a lei, uma causa anterior e superior a toda a causa, uma inteligência anterior e superior a toda a inteligência, uma vontade anterior e superior a toda a vontade, penetravam e ligavam tudo – e minha alma admirou o poder de Deus e sua incomparável imensidade.

Que mais viu?

Viu os raios do Sol banhando as primeiras colinas da criação e produzindo um oceano de pontos luminosos na superfície agitada das águas. Que bela e majestosa solidão! E as colinas da Terra, e o fundo dos mares se cobriam e se matizavam com as encantadoras primícias da vegetação – e minha alma admirou o poder de Deus e a formosura de suas obras.

Que mais viu?

Viu grandes abalos e espantosos cataclismos; a Terra agitar-se e arrojar de suas entranhas nuvens candentes e turbilhões de fumo e fogo, como montanhas, e as águas romperem os diques naturais, inundando a Terra, como se corressem a apagar aquele incêndio universal, por meio de um dilúvio universal.

E, nem por isso, deixava o globo de seguir seu curso, porque os cataclismos entravam nos efeitos da primeira e única lei imposta à substância material – e minha alma admirou o poder de Deus e sua admirável previsão.

Que mais viu?

Viu surgir de novo a ordem e a harmonia do seio da confusão, desenhar-se no firmamento o arco-íris, renascerem as plantas e transformarem-se, mais ricas de frescura e louçania, embelezando mais e mais a superfície terrestre.

A nuvem, que circundava e prendia a Terra, ia-se purificando e adelgaçando, tornando-se mais sutil e transparente. O planeta tinha soterrado os enormes boqueirões que deram passagem ao fogo de suas entranhas – e minha alma admirou o poder de Deus, e sua esmagadora grandeza.

Que mais viu?

Viu, com surpresa, e percorreu toda a escala ascendente da vegetação, em seus inumeráveis tipos, desde os mais simples e imperfeitos até os mais perfeitos e complexos.

No cimo da montanha, no ápice da pirâmide, no mais elevado dos tipos, pareceu adivinhar que o desenvolvimento das plantas não era só devido ao fluido, ao princípio vivificante, mas que também intervinha *um fluido, um princípio, porventura mais etéreo e celestial.*

E fixando, confusa e impotente, os olhos na soberba vegetação que cobria as terras primitivas – minha alma admirou o poder de Deus e seus insondáveis mistérios.

Que mais viu?

Minha alma ficou deslumbrada e cega, porque quis desafiar a luz do Sol. Deixai que minha alma recobre a vista que perdeu, tentando surpreender um dos segredos de Deus.

A origem da vida

Ao restabelecer-se a visão, já não eram só os vegetais os seres viventes que povoavam a superfície da Terra e os abismos do oceano. As aves se aninhavam agitadas por suaves brisas e cantavam nas ramagens; os animais corriam, cada um segundo seus instintos e necessidades, pelos montes e vales, por desertos e selvas, pelos bosques e margens dos rios; os peixes desfilavam pelo seio das águas, e, sobre todos esses seres, dotados de vida e de movimento, destacava-se outro mais nobre e privilegiado, o rei de todos – o homem.

Tinha mediado um parêntesis, talvez de muitos milhares de séculos. Este parêntesis não pertence à criatura; é do domínio da Sabedoria Infinita.

Donde saíram os peixes, as aves e os animais terrestres? Qual foi o princípio de sua formação e desenvolvimento? Vieram do Alto ou surgiram do pó?

Meu espírito não o tinha visto, porém minha alma parecia *ter algo adivinhado, mais puro que o impulso vivificante,* nos primeiros e mais elevados elos da cadeia vegetal.

Livrai-vos de firmar juízos sobre minhas palavras, quanto ao misterioso nascimento dos animais. Meu espírito estava cego; e que confiança merece a vista de um pobre cego?

Ascendendo, pelo estudo, à escala ascendente do reino animal, em seus inumeráveis tipos, vi com surpresa, nos mais perfeitos, algo que não podia explicar, algo que parecia escapar e parecia estranho à natureza animal.

Meu Deus! quão pequenos somos a teus pés!

Donde havia saído o homem? Qual tinha sido o princípio de sua formação e de seu desenvolvimento? Veio diretamente do pensamento de Deus ou levantou-se do pó por uma série de transformações sucessivas?

Meu espírito não o tinha visto, porém minha alma não podia esquecer *aquele algo indefinível,* que tinha como que adivinhado nos animais superiores.

Luz – luz – muita luz – muitíssima luz! porém a luz reside em Deus.

Eu tinha visto, e via vegetais como minerais e minerais como vegetais, animais como vegetais e vegetais como animais, homens que participavam muito do animal e animais que participavam alguma coisa do homem.

Livrai-vos de assentar juízos sobre minhas palavras quanto ao misterioso nascimento do homem. Meu espírito estava cego; e que confiança merece a vista de um pobre cego?

Eu via o homem, e via nele o sentimento, a vontade e a luz; via o animal, e via nele a sensação, o impulso e o instinto; via o vegetal, e via nele a tendência para a conservação. E perguntava a mim mesmo:

O sentimento, a vontade e a luz são criações independentes e primitivas ou são uma criação única, já modificada ou transformada?

E, ao pensar que os três caracteres distintivos da natureza humana poderiam confundir-se em sua raiz, acudiu fugitivamente à minha alma a ideia de que podia ser a unidade, a identidade, o limite de sua depuração. E perguntava a mim mesmo:

São, porventura, o sentimento, a sensação depurada e transformada – a vontade, o impulso depurado e transformado? Serão, porventura, o sentimento e a sensação, a vontade e o impulso, a luz e o instinto – depurações e transformações daquela tendência para a conservação iniciada no organismo vegetal?

Ignoro; não sei; não quero; não posso; não me atrevo a sabê-lo; porque Deus pôs um véu entre o seu segredo e os olhos de meu espírito. Minha alma nada sabe acerca do princípio e do nascimento do homem!

O homem primitivo

Adão, Adão, onde estás?

Meus olhos procuravam-no e não o viam; eu o chamava e ele não me respondia.

Adão ainda não tinha vindo.

Onde estava Adão?

Não me aparecia; Moisés tampouco vinha, para dizer-me onde se achava escondido o primeiro homem do Gênesis.

Porque eu via um homem, dois homens, muitos homens e, no meio deles, não via Adão, e nenhum deles conhecia Adão.

Eram os homens primitivos, esses que meu espírito, absorto, contemplava.

Era o primeiro dia da Humanidade; *porém, que Humanidade, meu Deus!*

Era também o primeiro dia do sentimento da vontade e da luz; mas de um sentimento que apenas se diferençava da sensação, de uma vontade que apenas alcançava desvanecer algumas das sombras do instinto.

Primeiro que tudo, o homem procurou que comer, e comeu; após, procurou uma companheira – juntou-se com ela, e tiveram filhos, parecidos com o pai e com a mãe; finalmente, ele ergueu os olhos na direção do céu, e, tombando pesadamente sobre a terra, dormiu.

Quão nebuloso e triste é o primeiro dia da Humanidade comparado ao tempo de hoje!...

Meu espírito procurava o homem, e, descobrindo-o, retrocedia. Volvia a observá-lo, e de novo retrocedia. Porque meu espírito não via o homem do Paraíso; via muito menos que o homem, coisa pouco mais que um animal superior.

Seus olhos não refletiam a luz da inteligência; sua fronte desaparecia sob o cabelo áspero e hirsuto da cabeça; sua boca, desmesuradamente aberta, prolongava-se para diante; suas mãos pareciam-se com os pés, e frequentemente tinham o emprego destes. Uma pele pilosa e rígida cobria as suas carnes duras e secas, que não dissimulavam a fealdade do esqueleto.

Oh! se tivésseis visto, como eu, o homem do primeiro dia, com seus braços compridos e esquálidos caídos ao longo do corpo, e com suas grandes mãos pendidas até os joelhos, vosso espírito teria fechado os olhos para não ver, e procuraria o sono para esquecer.

Não obstante, não deixeis de glorificar a Deus; porque Ele é a sabedoria infinita, e o homem primitivo é uma manifestação – um raio da luz eterna da sabedoria infinita.

Deixai seguir a obra de Deus. Seu termo, como o de todas as obras do Senhor, é a pureza e a perfeição.

O homem primitivo, visto de hoje, *é um espetáculo que fere de horror e desolação;* visto dos primeiros séculos do nascimento dos animais, *é uma esperança luminosa, uma nuvem rasgada no horizonte da eternidade.*

Amemos e adoremos a Deus.

O homem dos primeiros dias da Humanidade comia e bebia, porém não comia nem bebia como homem; andava, porém não andava como homem; via, porém não via como homem; amava e odiava, porém não amava nem odiava como homem.

Seu comer era como o devorar; bebia abaixando a cabeça e submergindo seus grossos lábios nas águas; seu andar era pesado e trôpego, como se a vontade não interviesse; seus olhos vagavam, sem expressão, pelos objetos, como se a visão não se refletisse em sua alma; e seu amor e seu ódio, que nasciam de suas necessidades satisfeitas ou contrariadas, eram passageiros como as impressões que se estampavam em seu espírito, e grosseiros como as necessidades em que tinham sua origem.

O homem primitivo falava, porém não como homem. Alguns sons guturais, acompanhados de gestos, os precisos para responder às suas necessidades mais urgentes, eram a linguagem do homem do primitivo dia.

Fugia da sociedade e buscava a solidão. Ocultava-se da luz e procurava indolentemente, nas trevas, a satisfação de suas exigências naturais.

Era escravo do mais grosseiro egoísmo. Não procurava alimento senão para si. Chamava a companheira em épocas determinadas, quando eram mais imperiosos os desejos da carne; e, satisfeito o apetite, retraía-se de novo à solidão, sem mais cuidar da companheira e dos filhos.

Era extremamente preguiçoso. Estendido na terra, alimentava-se do que estava ao alcance de sua mão; e, sempre que se punha em movimento, seus gestos revelavam repugnância e desgosto.

Passava pelo cadáver de outro homem, fixava nele um olhar estúpido, e ia além.

Nunca ria; nunca os seus olhos derramavam lágrimas. O seu prazer era um grito, a sua dor era um gemido.

O seu pensamento era superficial, incerto e fugitivo; as suas ideias eram elementares e confusas; não deixavam em sua alma outro vestígio mais que aquele que em vós deixa um sonho incoerente e fugaz.

O pensar fatigava-o; ele fugia do pensamento como da luz.

Considerava os animais terrestres como iguais, em natureza, a si mesmo, e considerava as aves como superiores ao homem.

O céu girava e as estrelas luziam por cima de sua cabeça, mas ele não percebia o movimento do céu, nem o brilho das estrelas.

Para ele não havia terra além do que divisavam seus olhos, nem outros seres além dos que descobriam os seus toscos sentidos.

Vivia sem conhecer o motivo da sua vida; morria sem ter jamais pensado em morrer.

Oh! se houvésseis visto, como eu, o homem do primeiro dia, com os seus longos e esquálidos braços caídos, e com as suas grandes mãos que chegavam aos joelhos, o vosso espírito teria fechado os olhos para não ver, e buscaria o sono para esquecer.

Não obstante, não deixeis de glorificar a Deus, porque Ele é a sabedoria infinita, e o homem primitivo é uma manifestação, um raio da luz incriada, da sabedoria infinita.

O despertar da consciência

Tinha findado o primeiro dia do homem; dia de séculos, porque no relógio da Humanidade os dias são segundos de segundos, e os séculos de séculos são dias.

Amemos e glorifiquemos a Deus e elevemos-lhe cânticos. A Humanidade deu um passo nas vias do progresso.

Como penetra no coração o orvalho da consolação! Como brilham para o espírito os primeiros albores da luz! Como desperta a alma, trêmula de emoções, ao doce pressentimento de uma felicidade a conquistar nos séculos!...

O homem primitivo não é o homem; a Humanidade do primeiro dia não é a Humanidade.

O primeiro homem é o primeiro degrau da escada de Jacob: mal se destaca do pó.

O homem é a lei, é o progresso, é o aperfeiçoamento, é a elevação pela matéria, é a purificação pela luz, é o melhoramento pelo mérito, é a felicidade pelo dever, é a palavra de Deus que subsistirá pela eternidade.

Se o homem do primeiro dia fosse o homem, não teria ele saído do primeiro dia. *E o homem saiu do primeiro dia.*

Meu espírito vê o corpo do homem, e não cerra os olhos para não vê-lo; contempla sua alma, e não repele a imagem de sua alma.

Começou a luta do espírito com a matéria, e o princípio espiritual avança, ainda que pouco, porém avança.

A primeira jornada augura a vitória do espírito sobre a carne; é o ponto de partida – o princípio do fim do reinado da matéria – é o primeiro anúncio do reinado do pensamento de Deus.

Nessa luta, eternamente secular, o corpo é o purificador do espírito, e o espírito é o modelador, o artífice do corpo.

Depois do primeiro dia da Humanidade, o corpo do homem aparece menos feio, menos repugnante à contemplação de minha alma.

Sua fronte começa a debuxar-se na parte superior do rosto, quando o vento açoita e levanta as ásperas mechas de cabelo que a cobrem.

Os seus olhos são mais vivos e transparentes, o seu nariz é mais afinado e levantado e a sua boca é menos saliente. Um princípio de expressão se manifesta no conjunto.

Os seus braços são menos longos e magros, suas carnes são menos secas, suas mãos menos volumosas e, com dedos mais prolongados, os ossos do esqueleto são mais arredondados, mais bem dispostos ao movimento das articulações; maior elasticidade existe nos músculos e mais transparência existe na pele que cobre todo o corpo.

No seu olhar, ele reflete o primeiro raio de luz intelectual; é o olhar da criancinha, ao despertar a sua alma, ao primeiro despertar da sensação em seu espírito adormecido.

No seu caminhar, já menos lerdo e vacilante, adivinha-se facilmente a ação inicial da vontade, o princípio das manifestações espontâneas.

Procura a mulher, e não mais a abandona, como no primeiro dia do homem. Assiste-a no nascimento de seus filhos, com quem reparte o calor e o alimento. O sentimento começa a despontar.

Move a língua, entorpecida e balbuciante, como a da criança pequenina. Sente novas necessidades – e ensaia os meios de exprimi-las, para satisfazê-las. Eis o princípio da linguagem: a necessidade.

Julga inferiores os demais animais e aproveita-se deles para saciar a fome, conforme o seu apetite.

Suspeita que nem tudo acaba onde termina o alcance da sua vista; que, por detrás da sua montanha, levanta-se outra, em uma extensão relativamente dilatada.

No seu olhar divisa-se mais surpresa e curiosidade do que estupidez. Foge dos objetos que encontra pela primeira vez; pouco a pouco perde o temor que lhe causa a novidade; evita, aceita – e, por fim, alegra-se em tomar nas mãos o que lhe causou receios. Já o seu rosto, os seus gestos e as suas exclamações revelam a infantil alegria de que está cheio o seu coração.

É o soldado que acaba de alcançar grande triunfo sobre um invencível inimigo.

O medo é mais poderoso nele que todos os seus cálculos e sentimentos.

O rugido das feras, o estampido do trovão, o fulgor do relâmpago, o sinistro rumor que precede a tempestade, os frequentes tremores de terra, pelas expansões interiores, a erupção dos vulcões, e não só isto, tudo o que é novo, tudo o que é desconhecido, gela-o de espanto, transtorna-o e aniquila-o.

Esquece a companheira, esquece os filhos, e crê que vai morrer.

Porque ele sabe que tem de morrer e o temor da morte sobreleva todos os seus temores. Ele viu, com medo, cadáveres de outros homens e julga inevitável a morte.

Já não procura a sombra e a solidão, como no primeiro dia; foge das trevas, porque tem medo; e foge da solidão, porque se reconhece débil e impotente. A mulher e os filhos são a sua companhia habitual.

Admira, com infantil entusiasmo, a saída do príncipe dos astros e renascem as suas recordações e as suas esperanças, pintando-se, no seu rosto, o desânimo e a angústia quando vê o Sol perder-se no horizonte. Voltarás? pergunta-se entristecido.

E o Sol reaparece, porque a satisfação de todos os desejos legítimos de felicidade está prevista na eterna lei que imprime seu movimento aos mundos e dirige a evolução dos seres.

E o homem cai agradecido, de joelhos, ao contemplar o renascimento do Sol e, na sua grosseira e iniciante linguagem, exclama: Graças, meu amigo protetor – meu Deus! Tu vens consolar-me. A ti devo a minha felicidade e a minha alegria. Eu te adoro!...

O benefício foi o primeiro deus da Humanidade, personificado no Sol, porque o Sol era o maior dos benefícios que a materializada inteligência do homem podia conceber.

Não tomeis por insulto essa adoração primitiva; ela é o ponto de partida da religião natural; completada pelo Evangelho de Jesus e pelas sucessivas instruções sobre os pontos obscuros do Evangelho.

Ela é, ainda, a raiz da moralidade das ações humanas – a primeira manifestação de agradecimento da criatura ao poder superior desconhecido.

O domínio da carne

Adiante! adiante!...

O homem emergiu de sua inofensiva infância. Os seus apetites, os seus instintos e as suas paixões dominam a vontade, que precisa de leme. O homem é uma barquinha agitada pelo vendaval.

Vê a mulher, sente de chofre o fogo da luxúria. Ai da mulher, se se atreve a opor-se, a resistir aos seus carnais desejos!

Quebrá-la-á entre as mãos, com a facilidade com que quebra um frágil caniço a mão contraída do adolescente contrariado.

Os apetites da carne preponderam e exercem no homem violenta influência.

Estamos no reinado da carne.

O corpo humano adquiriu toda a sua força e robustez. Não vos falo de sua beleza.

Conheço eu, porventura, o limite da beleza dos organismos humanos? Sei, mesmo, se existe ou não esse limite?

A carne impera; os seus estímulos são tão poderosos no homem, que obscurecem completamente a sua razão, torcem o seu juízo e pervertem-lhe a consciência.

Não importa: adiante! adiante!

O homem julga lícito tudo servir ao seu apetite sexual. Ainda não pensou em classificar os seus atos como lícitos ou ilícitos, senão como agradáveis ou desagradáveis.

Sente a força, que em si brota, e corre a satisfazê-la, sem cuidar de meios brandos ou violentos. Se outros homens têm em seu poder o manjar que ao seu estômago apetece, corre a arrebatá-lo; se para arrebatá-lo é preciso matar, mata. Fustigado pela fome, mata do mesmo modo um seu semelhante e devora-o, mesmo que este seja um filho ou a sua própria companheira.

Horrorizai-vos... mas não condeneis. Só compaixão devem inspirar-vos os primeiros extravios da nascente Humanidade. Ai! vós não sabeis sobre quem cairia a vossa condenação.

Sente o ferrão da luxúria, e tudo o impele a satisfazer o seu insaciável e vulcânico apetite.

As contrariedades excitam a sua ira e movem-nos à vingança. Irado, perde os traços humanos do seu semblante e não compreende outra vingança que não seja a morte.

Os seus deuses são o raio e o furacão, símbolos, para ele, os mais expressivos da força e do poder.

O germe de todos os maus instintos que têm nascimento da carne, a semente de todos os impulsos maléficos que têm a sua raiz na consciência, desenvolvem-se aceleradamente e dominam no coração do homem.

O bem moral é desconhecido, o mal é o soberano da Terra, e tem sujeitas ao seu domínio as manifestações da vontade humana.

Não digo da liberdade humana, porque, nessa fase da Humanidade, a vontade não é a liberdade; é pouco mais que um impulso mecânico e inconsciente; é uma pequena faísca luminosa, amortecida pelo frio da insensibilidade afetiva e pelo impulso destruidor das exigências da carne.

Os diabos espalham-se e pululam por toda a extensão da Terra – e insinuam-se enganosamente nas inexperientes criaturas. Incitam, com sedutores afagos, à volúpia – à intemperança – ao egoísmo – ao ódio – à violência – ao homicídio; triunfam sem resistência.

Isto devia ser, e foi, o reinado da carne; devia preceder, em virtude da eterna lei, ao reinado do Espírito – assim como o reinado do diabo ao de Deus, sobre a Terra.

Não vos escandalizem essas palavras. O mal absoluto não existe. Tudo o que está no tempo é relativo. O mal de hoje é o bem de ontem – e o bem presente será o mal de amanhã.

Nada há absolutamente perfeito senão o absoluto – e nada há absoluto, senão Deus.

A imperfeição das criaturas, as suas misérias, as suas fraquezas, os seus extravios, os seus erros, não são mais que transições ou fases progressivas de seu aperfeiçoamento infinito – eis por que eu dizia e repetia: Adiante! adiante!...

As primeiras sociedades

Somos chegados ao nascimento das sociedades.

Donde veio a sociedade?

Não o adivinhais?

Meu espírito contempla, absorto, o encadeamento e sucessão das maravilhosas fases da geração e do movimento do Verbo.

No princípio era o Verbo, e o Verbo estava com Deus, e o Verbo era Deus. E o Verbo, a palavra, gerou no princípio a matéria cósmica e o movimento.

E a lei, atuando desde o princípio sobre a matéria cósmica e o movimento, gerou a sucessão eterna das coisas e dos tempos.

E a lei gerou a condensação e a separação da matéria cósmica.

E a condensação gerou o movimento circular – e a separação gerou o movimento em torno de um centro solar.

E o movimento circular e o movimento em torno de um centro solar geraram o resfriamento e as formas das massas condensadas e separadas da matéria cósmica.

E a lei gerou, pelo resfriamento das grandes massas de matéria cósmica condensada, os globos vaporosos – e os vapores geraram os líquidos, e os líquidos se transformaram em sólidos.

E a lei, atuando sobre os sólidos e os líquidos, gerou os primeiros organismos.

E vieram os vegetais.

Eu não sei qual a geração dos animais aquáticos, que certamente vieram após a vegetação aquática.

Eu não sei qual a geração dos animais terrestres e das aves; sei, porém, que vieram depois da vegetação terrestre.

Eu não sei qual o princípio da geração do homem; porém, sei que ele veio depois da sucessão dos animais terrestres.

Meu espírito estava deslumbrado e cego.

E a lei, na sua atividade eterna, gerou, no princípio, o ser da matéria cósmica, e gerou, no seio da substância, o princípio vivificante.

E o princípio vivificante gerou o desenvolvimento expansivo e a transformação progressiva de todas as substâncias, procedentes da substância única.

E a lei, agindo sobre o princípio vivificante, gerou, para o vegetal, a tendência – para o animal, a sensação, o impulso e o instinto – para o homem, o sentimento, a vontade e a luz.

Já conheceis o mistério; hoje não podeis penetrá-lo nem eu tampouco.

Estudemos em Deus, neste e no outro século, ativemos o estudo e oremos pelo estudo e em verdade; porque Deus vê o nosso estudo, e os seus ouvidos ouvem, e os seus olhos estão postos nos nossos bons desejos.

Porque está escrito que nada permanecerá eternamente oculto.

E o princípio vital, predominante, gerou nos vegetais, nos animais e no homem o desenvolvimento e o predomínio dos órgãos.

E o predomínio dos órgãos, no homem, gerou primeiro a estupidez, que é o sonho da luz – e a inércia, que é o sonho da vontade e do sentimento.

E a primeira chispa luminosa gerou o primeiro movimento da vontade iniciante.

E o predomínio orgânico, no homem, gerou a força muscular.

E a vontade, subjugada pela carne, gerou o abuso da força.

Dos estímulos da carne nasceu o amor.

Do abuso da força nasceu o ódio.

E a luz, agindo com maior intensidade sobre o amor e sobre o dia, gerou as sociedades primitivas.

O predomínio da força

O homem mora em companhia das suas mulheres e dos seus filhos, e a volúpia no meio deles.

E a volúpia é a fogueira que dá o sinal e atrai os ladrões.

E os filhos do fogo se ajustam aos filhos do fogo – e a volúpia os faz fortes, pela união contra os fortes.

No meio de todos existe a força e a iniquidade, porque a força está com o poder, e a luz, no homem, já lhe ensinou o poder da força.

Um homem, dois homens, dez homens; uma mulher, duas mulheres, dez mulheres, uma família. Uma família, duas famílias, dez famílias, uma sociedade. Primeiro é o homem.

A família existe pela carne; a sociedade existe pela força.

Moram as famílias à vista de todos, protegem-se, criam rebanhos nos pastos próximos, levantam tendas sobre troncos, e depois caminham pela terra. Primeiro é o homem.

Entre as tribos vê-se a guerra.

A guerra pela volúpia, pela violência, por causa dos rebanhos, dos pastos, das peles, por causa da sombra das tendas.

O primeiro direito é a força, porque o primeiro rei é a carne.

O homem mais forte é o senhor da tribo, a tribo mais poderosa é o lobo das outras.

Porém, duas tribos, três tribos, se concertam e se opõem à vontade do lobo; e, o que devorava, é devorado.

Que vale a vida de um homem? Que vale a de cem homens?

Morre um filho? Um movimento da carne é um choro e uma lágrima. Morre um homem? É um grão de areia nas entranhas do mar.

Todos os gozos são a gula, a volúpia e a vingança; todas as dores são a fome, os males do corpo, os sofrimentos e as violências do ódio.

As tribos errantes, como o furacão, marcham para diante, e, como o gafanhoto, assolam a terra onde pousam seus enxames.

As pedras e os ramos despencados das árvores são os seus instrumentos de destruição e de morte; o seu grito de guerra é um alarido feroz.

Mas, o abuso da força e da volúpia era necessário: estava na lei da depuração e do aperfeiçoamento.

Em virtude dessa lei se purificam o ouro e o cristal, o espírito e o corpo; porque ambos vêm de um mesmo princípio, e marcham para o mesmo fim: para Deus, que é o princípio e o fim dos seres.

A preponderância, porém, do corpo, devia preceder; pois que, da vitória do Espírito sobre a carne, depende a depuração e desenvolvimento indefinidamente sucessivo da criatura racional.

Se o desenvolvimento espiritual preceder ao predomínio da carne, vereis desaparecer o mérito das ações humanas; porque não há mérito sem luta – e a razão, sem os estímulos e os apetites do organismo, é o triunfo sem combate.

Não acrediteis, entretanto, que a desesperação e a elevação do corpo sejam o predomínio da carne; precisamente, o que este predomínio revela é a inferioridade do corpo.

O aperfeiçoamento do corpo segue paralelo ao do Espírito; porque ambos obedecem à mesma lei – e o Espírito edifica o seu teto conforme as suas necessidades e na altura das suas aspirações.

À medida que o Espírito se emancipa das suas impurezas, o corpo se desprende também das suas, pela comunicação que existe entre o Espírito e o corpo, e em virtude da influência que o primeiro exerce sobre o segundo.

O homem tem dois corpos. Pelo primeiro, que o toma da substância etérea, fluídica, comunica o Espírito sua atividade e perfeição ao segundo.

O primeiro é tanto mais etéreo e celestial, quanto maior é a elevação do espírito do segundo, e menos carnal, conforme a purificação do primeiro.

O limite superior do corpo carnal é o corpo espiritual; o limite do corpo espiritual é o Espírito – e o limite do Espírito é Deus.

Não o duvideis, embora não o compreendais. O corpo terreno se purifica gradualmente e se eleva até o corpo espiritual – o corpo espiritual até o Espírito – e o Espírito até a Deus.

Esta é a lei. Não a conheceis hoje; esperai, que a conhecereis amanhã.

A raça adâmica

Donde vieram esses homens, novos no meio dos homens? A Terra não lhes deu nascimento, porque eles nasceram antes de ela ser fecunda.

A Humanidade não se transforma num dia, mas no decurso de séculos e séculos.

No meio dos homens antigos da Terra descubro homens novos, meninos, mulheres e varões robustos; donde vieram esses homens que nasceram antes da fecundidade da Terra?

Em cima e ao redor da Terra, rodopiam os céus e os infernos com sementes de gerações e de luz.

O vento sopra para onde o impulsiona a mão que criou a sua força, e o Espírito vai para onde o chama o cumprimento da lei.

Os homens novos que descubro entre os homens antigos da Terra, e que nasceram antes de esta ser fecundada, vêm a ela em cumprimento de uma lei e de uma sentença.

Eles vêm de cima, pois vêm envoltos em luz, e a sua luz é um farol para os que moravam nas trevas da Terra.

Se, porém, seus olhos e suas frontes desprendem luz, nos semblantes eles trazem o sinal vergonhoso da maldição. É a reprovação das suas consciências.

São árvores de pomposa folhagem, mas privadas de frutos, arrancadas e lançadas fora do paraíso, onde a misericórdia as havia colocado, e de onde as desterrou por algum tempo.

A sua cabeça é de ouro, as suas mãos de ferro e os seus pés de barro. Conheceram o bem, praticaram a violência e viveram para a carne.

Os que, entre eles, se aproveitaram da luz e praticaram a justiça, viram o ferro das suas mãos e o barro dos seus pés transformar-se em ouro, como o de suas cabeças, e ficaram residindo no paraíso até à sua elevação. Para os outros, a misericórdia foi justiça, e seu pecado acompanhou-os em maldição perpétua, até o renascimento.

Eles tinham a luz, e desprezaram-na – e, em vez dela, surgiram o orgulho e o desejo de oprimir os bons.

Moisés viu a sua luz e disse: *São anjos decaídos;* viu-os feitos de barro e disse: *São homens – Adão e Eva;* e os fez ser expulsos do paraíso pela tentação dos anjos decaídos.

Vós perguntais: Como se pode retrogradar no caminho da felicidade e da perfeição? Poderemos desse modo ir viver um dia na morada da ventura? Somos fracos, e o temor e o desânimo se apossam de nós.

Recuperai a paz; eu, João, vo-lo digo: descansai no seio da sabedoria e da misericórdia do Pai, como descansei a minha cabeça no regaço e no amor do Filho, Jesus Cristo.

Na perfeição nunca se retrocede; o Espírito é sempre atraído para o centro da perfeição, que é Deus. Os homens de Adão, ao virem para a Terra, não perderam um só átomo do aperfeiçoamento adquirido.

Eles tinham sido elevados ao paraíso pela misericórdia divina e não pelos seus merecimentos, porque as felicidades são também provas, assim como os sofrimentos e as misérias.

Muitos saíram bem na prova e mostraram que era justiça o que tinha sido misericórdia; estes herdaram o paraíso até que aí fossem elevados, porque a felicidade da justiça se perpetua de tempos a tempos e de geração a geração.

Outros abusaram dos dons da misericórdia, e as suas obras clamaram justiça; e o peso dessas obras na balança da justiça os fez descer à Terra, até o renascimento.

Mas a misericórdia de Deus os segue sempre de século em século, de geração em geração.

A geração proscrita traz na fronte o selo da sentença, mas também tem o da promessa no coração.

Tinham pecado por sabedoria e orgulho, e o seu entendimento obscureceu-se.

Passarão os anos e os séculos, e o entendimento estará nas trevas e as trevas no entendimento.

Foi o entendimento quem pecou; as trevas são o seu castigo; não há outro.

O domínio da Terra

Os homens novos, que vieram à Terra para cumprir uma sentença, olham para os homens antigos da Terra com orgulhoso desprezo, considerando-os indignos do seu convívio, e resolvem nos seus conselhos dominá-los e abatê-los.

No Paraíso, eles abusaram da mansidão e da simplicidade de coração dos seus irmãos; na Terra, abusarão da sua ignorância.

Ontem se julgaram superiores, e o seu entendimento foi confundido e o seu orgulho foi humilhado pela justiça; hoje, julgam-se de novo superiores, e serão confundidos no seu entendimento e humilhados no seu orgulho.

Já o sabeis até quando.

Lavram a pedra, a madeira e o ferro, porque o seu orgulho precisa de castelos; a sua sensualidade, retiros de prazeres; e a perversidade dos seus sentimentos, instrumentos de opressão e de morte.

Vieram à Terra como peregrinos, e ficarão residindo nela, porque construíram aí moradas para o seu coração, e palácios para o seu orgulho.

Irão e voltarão; porque, ao partir, as suas almas não abandonam as chaves das moradas que edificaram na Terra.

Vão e voltam, e tecem vestidos de vaidade para os seus corpos, e túnicas de corrupção para as suas almas.

Andam rastejando sobre as harmonias da criação, não para buscar nelas Deus e virtude, mas para acomodá-las aos gozos da matéria.

Sentem nos seus corações um desejo celestial; mas o seu entendimento ofuscado desvia as suas consciências e só lhes fala aos sentidos.

O seu deus é a carne, porque não pressentem outros prazeres além dos grosseiros da carne.

Levantam na sua alma altares a todas as paixões que a corrompem, mas não se lembram do Deus de Justiça e Misericórdia.

Uma intuição luminosa, espécie de pressentimento, lhes fala de um Ser Supremo e da responsabilidade humana; porém, o seu orgulho tem tão fundas raízes, que eles protestam contra a existência d'Aquele que com um sopro poderia aniquilá-los.

Eles referem tudo ao presente; pelo que, a sua atividade e os seus esforços não se encaminham senão para a satisfação dos seus instintos e das suas paixões, esperando depois da morte o silêncio, a decomposição... o nada.

Fogem de Deus; mas, o peso das suas misérias e as calamidades que atraem sobre eles o furor desenfreado do seu orgulho, fazem-nos sentir Deus pelo terror.

Odeiam-no, temem-no, oferecem-lhe sacrifícios de sangue para acalmar as suas iras e afastar a sua vingança, porque acreditam que a Divindade é miserável e vingativa como eles.

Se alguns falam de Deus, é sempre do Deus que se faz ouvir na voz da tempestade e que no raio manifesta o seu poder.

Não temem outros castigos além das enfermidades, a inundação, o incêndio, a espada e o extermínio, nem esperam outros bens que não sejam as comodidades e os gozos dos sentidos durante os longos anos da sua vida terrena.

De tempos a tempos, de geração em geração, aparecem no seio da Humanidade, como archotes no meio das trevas, como modelos para imitação, homens virtuosos e humildes que lamentam os erros do mundo. São meteoros que Deus envia da região da luz para despertar os que dormem no lodo.

Outros vêm armados da palavra e do espírito de Deus, e apregoam o seu nome e o seu poder. Arrojam palavras de fogo, de destruição e de morte, as únicas capazes de domar as rebeldias humanas. Trazem na mão direita a promessa, e na esquerda uma espada flamejante. São os Gênios de que precisa a Humanidade no ponto mais alto dos desejos carnais.

A raça dos homens novos propaga-se com assombrosa rapidez: invade a Terra e dela se torna proprietária.

Sujeita ao seu domínio as raças primitivas, depois de destruir as suas tendas pelo ferro e pelo fogo.

Contudo, na servidão e nesse contato com os seus dominadores, elas aprendem os primeiros rudimentos da virtude, e adquirem pela cultura do entendimento os primeiros elementos do poder.

Haverá recém-vindos que serão dos primeiros a chegar, e muitos, que vieram primeiro, cairão sete vezes no caminho e chegarão, por último, ao declinar da tarde.

A Terra sofre grandes perturbações; o mundo físico e o mundo moral caminham paralelos no cumprimento da lei.

A invasão das paixões, no coração do homem, corresponde na Terra à invasão das águas. O homem vomita do seu seio o fogo nelas ateado pela lascívia e pela iniquidade; a Terra arroja das suas entranhas, pelos seus formidáveis vulcões, imensos turbilhões de fumo e matérias derretidas que assolam fertilíssimos países.

Nessas comoções terrenas e morais, os homens desaparecem em legiões inumeráveis, e vão ao juízo; uns descem para sofrer provas a fim de se purificarem; outros para repararem faltas; depois do que, todos voltam de novo.

Estes morrem debaixo das águas, aqueles sob as ruínas, outros no fogo, e outros à espada.

As calamidades caem sem interrupções sobre os povos.

Hoje, é este que sente o peso da mão do Senhor; amanhã, é aquele.

E tudo é misericórdia, nada mais que misericórdia.

Porque, os homens esquecem na carne os seus propósitos – e a misericórdia concede-lhes períodos de reflexão, nos círculos espirituais, para recordá-los, renová-los e fortalecê-los.

O alvorecer da Luz

Um século – outro século – e outro século.

E os servos se tornam senhores, e os senhores se tornam servos.

Uma estrela nasce para os homens da raça primitiva da Terra, sob cuja luz e calor terá começo a formação de um grande povo.

Essa estrela é Abraão.

Ele é o fundamento do povo hebreu, o primeiro condutor da emancipação da raça primitiva, *e a primeira nuvem no horizonte da raça dominadora.*

Porque os hebreus são os homens antigos da Terra, e os seus chefes são os missionários para levantar o oprimido e abater o opressor.

Ao redor de Abraão, de Isaac, de Jacob e de José se agrupam todos os humilhados, todos os escravos, todos os que gemem no opróbrio, pelo orgulho e pela iniquidade dos estrangeiros que vieram do Paraíso.

E Moisés e Josué os livram do opróbrio e da servidão – e caem depois sobre Canaã, nação guerreira e orgulhosa, e sujeitam-na e encadeiam-na.

Antes, porém, o povo hebreu passa quarenta anos de provações, e, nessas provações, abusa uma vez, mais outra, e cai nas abominações da idolatria e dos desregramentos.

Triunfará de Canaã e sujeitá-la-á; mais tarde voltará à servidão.

Hoje a expiação para Canaã; amanhã para o povo grosseiro, indigno e abusado.

Recebe a lei escrita, a fim de que pelos olhos ela lhe penetre no entendimento e no coração.

A nova lei é o primeiro anúncio divino do amor e da caridade, como meios de depuração e de progresso.

Mas o povo hebreu vê e ouve a lei, e não aparta os seus seios da leviandade, nem os seus pés da idolatria.

Sofre as justas consequências dos seus pecados, e chora aos pés de Deus; recupera a paz, e se precipita de novo nas abominações dos ídolos.

Eis a Humanidade terrena primitiva: compadeçamo-nos dela!...

As suas ideias a respeito da Divindade nasceram no meio do terror, na presença de grandes cataclismos. Respeita a Deus, como o escravo que vê seu senhor com o látego na mão, em atitude iracunda, mas não o respeita na sua alma; treme, mas no seu temor só sente o desejo de libertar-se.

Como o menino manhoso que se aquieta com o castigo e se subleva logo depois, o povo hebreu é a segunda infância da Humanidade terrena.

O Pai é bondoso, mas é também justo e muito sábio, e quer que seus filhos se façam dignos da felicidade, pelo mérito.

As abominações do povo de Abraão clamam justiça do céu – e a justiça se aproxima.

Vêm os juízes e vêm depois os reis – e as ameaças da justiça têm o seu cabal cumprimento.

As raças primitivas, sob o jugo das raças degeneradas, aprendem as primeiras noções do dever. Depois, as primeiras são o instrumento providencial para o castigo das segundas, e estas são o instrumento para o castigo das primeiras.

Umas serão reciprocamente o corretivo das outras, até o seu equilíbrio e confusão em uma só família, em cumprimento da lei da fraternidade universal.

Quando chegar esse dia venturoso, as nuvens não flutuarão mais sobre a Terra, senão para fecundá-la.

Antes, porém, se sucederão muitas gerações; porque a Humanidade segue o seu caminho, passo a passo.

Alguns Espíritos ativos transpõem as distâncias com incomum rapidez, mas a generalidade faz o seu progresso pausada e gradualmente.

Apenas começa a germinar entre os homens de uma e outra raça a ideia da imortalidade espiritual. Ela é demasiado grande para que possa caber no estreito cérebro dos homens primitivos e excessivamente consoladora para que sejam dignos de concebê-la os homens degenerados.

Uns e outros reputam a morte como o termo do princípio de vida que sentem, e cuja natureza desconhecem.

Certas inteligências privilegiadas entreveem alguns resplendores, e, com o seu auxílio, adivinham alguma coisa sobre o destino das almas, porém, guardam o segredo da sua fé, porque sabem que os tempos ainda não são chegados.

Misteriosamente, elas se reúnem na obscuridade e falam em voz baixa das suas crenças e esperanças, sem deixá-las transparecer senão aos que julgam capazes de compreendê-las e senti-las.

Escrevem livros divinamente inspirados, para fortalecerem, dirigirem as massas humanas e prepararem o advento do Espírito.

Os homens da matéria esperam, do cumprimento das promessas contidas nesses livros, anos de saúde e abundância de bens terrenos; e os que creem em segredo na imortalidade da sua consciência aplicam à vida espiritual essas promessas de penas e recompensas.

Da ressurreição da carne ninguém diz uma palavra, nem o pai ao filho nem o filho ao pai. É o segredo dos segredos e o mistério dos mistérios.

Depois, alguns pensadores atrevidos, aos quais o mundo dá o nome de filósofos, erguem uma ponta do véu que esconde o misterioso segredo da morte.

Falam da alma humana e da sua natureza, mas essa natureza é ainda hoje desconhecida para os homens e para os Espíritos que não veem o pensamento de Deus.

Dizem a primeira palavra sobre a ressurreição da carne, palavra essa originada em inspiração superior, porém, obscurecida por conceitos errôneos, nascidos da miséria do entendimento humano.

De todos os modos a semente caiu sobre a Terra; o grão de mostarda germinará e se converterá em árvore corpulenta, sob cuja benéfica sombra se acolherá a Humanidade inteira.

Temos uma alma imortal.

Estas palavras correm de boca em boca e o seu eco penetra nos corações e se estende como a influência da pedra lançada sobre as águas de um tanque.

Mas, assim como o ruído e o movimento das águas assustam e põem em confusão os peixes, a existência da alma imortal é no começo a causa de temores e confusão entre os povos.

Levantam-se seitas disputando o domínio das almas, como as castas disputaram o domínio dos corpos.

E chegam as guerras religiosas; porque, ainda está longe a hora em que a caridade destruirá a intolerância, em que a Humanidade reconheça que o amor é a melhor das religiões, e a única que pode conduzir à felicidade celeste.

E vêm a perturbação moral e o extravio do sentimento, pelo fanatismo religioso; e as sociedades e a consciência representam a imagem da confusão e do delírio.

Os homens das raças degeneradas levantam altares às suas paixões, porque os seus deuses são apenas personificações da sua concupiscência, do sensualismo que lhes corrói as entranhas.

Os da raça primitiva edificam sob o cetro dos seus reis um só templo e um só altar, monumento alegórico da adoração do porvir; porque chegarão os dias em que o templo do Altíssimo será o Universo, e o seu altar o coração da Humanidade inteira.

Os templos de barro ficarão reduzidos a escombros, por ocasião do advento do reinado do espírito profetizado por Jesus.

Os que contribuíram para levantá-los, voltarão para destruí-los com o sopro da sua palavra.

Tal se cumprirá quando a lei do amor imperar em toda a redondeza da Terra; quando o gênio do bem, que é o sentimento da caridade, tiver penetrado e achar-se firmado no coração dos homens.

***

Da humanitude à angelitude

É evidente que a explanação constante desta obra, pela imensa amplitude e profundidade de conceitos a que dá guarida, não é de assimilação fácil e indiscriminada. Por isso, com estas breves palavras à guisa de conclusão, quero facilitar ao leitor o entendimento desse tema extraordinário.

Para entender com clareza tudo o que foi exposto, o homem só tem que fazer uma única e definitiva coisa: *desencarnar a mente.*

O leitor leu de forma correta: desencarnar a mente.

Assim como há a desencarnação do espírito, há também a desencarnação da mente. A hora da primeira é estabelecida por Deus, mas a desencarnação da mente pode ser promovida pelo próprio espírito durante a sua encarnação humana. Alguns encontram dificuldade para desencarná-la até mesmo após a morte do corpo físico. É o que diz Camilo Rodrigues Chaves, que foi presidente da União Espírita Mineira quando encarnado, com esta clareza meridiana: "A morte foi para mim benigna e rápida, no entanto, a *desencarnação mental*, propriamente considerada, continua para meu espírito, porque o homem não se desvencilha, de chofre, dos hábitos consuetudinários que lhe marcam a vida".[1]

Ao desencarnar a mente (embora permaneça encarnado como espírito), o homem raciocina como espírito livre, não mais submetido mentalmente à narcose da matéria, e passa a ver as coisas com clareza, sob um novo ângulo, em seu aspecto e amplitude reais, fora do embotamento da carne. Sua mente encarnada, pastosa e materializada é que o faz divisar as coisas, principalmente as de alcance transcendental, sob uma perspectiva tão rasteira, circunscrita e mesquinha. Diz Sua Voz no Capítulo XXIX de *A grande síntese* que o limite sensório a que o espírito encarnado está reduzido o mantém num estado que pode ser classificado como de contínua *alucinação.*

Com a desencarnação da mente, ele elimina o torpor da matéria a que está submetido pela encarnação, e passa a enxergar a vida e seus mistérios com mais altivez e profundidade espiritual, sob um ponto de vista elevado e cósmico.

Nossa mente é uma esponja embebida no vinagre da encarnação. Quando a benfeitora espiritual Matilde aplica recursos magnéticos à mente de sua filha encarnada, Margarida, para que esta, já desdobrada espiritualmente, acompanhe com a necessária lucidez uma reunião no plano invisível, André Luiz estranha a operação. O Instrutor

---

[1] XAVIER, Francisco Cândido. *Instruções psicofônicas,* 4. ed. Brasília: FEB, 1985, 57 – "Confortadora visita", p. 250.

Gúbio explicou-lhe mais tarde que "o estado natural da alma encarnada pode ser comparado, em maior ou menor grau, ***à hipnose profunda ou à anestesia temporária,*** *a que desce a mente da criatura através de vibrações mais lentas,* peculiares aos planos inferiores, para fins de evolução, aprimoramento e redenção, no espaço e no tempo".[2]

Quando lavamos nossa mente e a enxaguamos na água da Vida disponibilizada no Evangelho, tornamo-la cristalinamente etérea e pulsante, iluminada por sinapses de luz, e passamos a olhar o mundo com o olhar clarividente do Cristo. Desse novo pináculo espiritual, passamos a pensar *com Jesus e como Jesus,* a caminho de sermos um com Ele, como é o desejo do divino Mestre, estabelecido em João, 17:11.

Passamos a olhar o mundo e a entender a lei da evolução com esta amplitude e clareza a que se referem as Entidades Superiores, na resposta à questão 604 de *O livro dos espíritos:*

"Tudo se encadeia na Natureza, por laços que ainda não podeis compreender. Assim, *as coisas aparentemente mais absurdas* têm pontos de contato que o homem jamais poderá compreender no seu estado atual. Poderá entrevê-los por um esforço da sua inteligência; *mas, somente quando essa inteligência tiver alcançado seu pleno desenvolvimento e se tiver libertado dos preconceitos do orgulho e da ignorância*

---

[2] LUIZ, André. *Libertação,* 7. ed. Rio de Janeiro: FEB, 1978, cap. XIX, "Precioso entendimento".

[desencarnação da mente], é que poderá ver claramente na obra de Deus. Até lá, suas ideias limitadas lhe farão ver as coisas sob um prisma mesquinho e acanhado. Ficai certos de que Deus não pode contradizer-se e de que, na Natureza, tudo se harmoniza por meio de leis gerais que jamais se afastam da sublime sabedoria do Criador".

A ciência é cética e secular por definição. Não se espera dela que adote as conclusões doutrinárias articuladas neste estudo, porque, para ela, reflexões com fulcro em revelações espirituais, venham de onde vier, são inócuas e irrelevantes. Deixemo-la, portanto, em paz, envolta pelas providenciais faixas de matéria que regulam seu progredir.

Mas para o crente raciocinante que aceita as revelações como fontes divinas – principalmente o pesquisador dos domínios da alma, cheio de fé, que tem recebido excessivamente dos Celeiros celestiais –, para ser coerente consigo mesmo, só existem dois caminhos: aceitar estas conclusões no todo ou em parte, ou sobrepor-lhes uma ideia superior que as substitua com vantagem, embasada em fundamentos mais sólidos do que estes apresentados aqui, e empregando todo o potencial de seu raciocínio lógico mais profundo.

Na pesquisa da Verdade, o raciocínio luminescente – ao lado da intuição, da inspiração e da revelação – é a arma por excelência que Deus colocou nas mãos do ser humano para sua evolução. A renúncia a esse instrumento e a submissão a "verdades estabelecidas e inamovíveis" são a forma de servilismo material, preguiça mental, reducionismo intelectual, sujeição moral, vassalagem psicológica e escravidão espiritual mais abjeta a que o homem pode submeter-se neste mundo.

Há momentos cruciais na existência humana em que, à semelhança de Moisés ante o Mar Vermelho, encontramo-nos diante de uma decisão que mudará para sempre nossa vida: permanecer escravizados aos rituais mágicos do Egito, por comodismo, marasmo ou preguiça mental, numa reverência totêmica a verdades relativas que atenderam aos reclamos de seu tempo, mas que hoje precisam ser reformuladas, ou – visto que as revelações espirituais, bem como as pesquisas científicas, são permanentemente progressivas – seguir em frente, de forma ativa e altiva, para a liberdade da Terra Prometida, de onde manam o leite e o mel do Evangelho e do Apocalipse do Cristo.

A existência do homem na Terra tem dupla finalidade: conquistar, por um lado, a Sabedoria cósmica e, por outro, o Amor divino, as duas asas de luz que o guindarão um dia aos Tabernáculos Eternos. A Sabedoria cósmica ele alcança com a desencarnação da mente, que é como limpar o barro que recobre o bulbo de uma lâmpada para que ela resplandeça em todo o seu fulgor. E o Amor divino é alcançado com a obediência à orientação do Cristo, o Mestre por excelência de nossa plenificação espiritual: "Como o Pai me amou, também eu vos amei; *permanecei no meu amor*". Este "permanecei no meu amor" talvez seja o apelo mais comovente já feito pela Divindade ao coração humano. E que deve fazer o homem para permanecer no Amor do Cristo? Eis a chave: *"Se guardardes os meus mandamen-*

tos, permanecereis no meu amor, *assim como também eu tenho guardado os mandamentos de meu Pai* e no seu amor permaneço" (João, 15:9;10). O Evangelho é muito econômico em palavras. Por guardar os mandamentos divinos devemos entender *conhecer, assimilar, incorporar, irradiar e vivenciar* os mandamentos cristãos para a eclosão desse Amor sublime.

Quais são esses mandamentos? São principalmente os seguintes:

1. Amai a Deus sobre todas as coisas e o próximo como a vós mesmos. (Regra máxima)

2. Não façais ao próximo o que não quereis que o próximo vos faça. (Regra áurea)

3. Amai-vos uns aos outros tanto quanto Eu vos amei. (Novo Mandamento)

Os dois primeiros foram revelados por Moisés. O terceiro é o Novo Mandamento do Cristo, dado por Ele mesmo, o único Ser neste mundo com autoridade moral para acrescentar mandamentos à Lei divina. O Novo Mandamento, revelado por Alziro Zarur no Brasil, no século XX, é o coroamento natural dos outros dois, principalmente do primeiro, porque, neste, o homem deve amar o próximo com o amor do homem ("como a vós mesmos"), enquanto que, no Novo Mandamento, ele deve amar o próximo com o Amor do Cristo ("como Eu vos amei"). O Amor do Cristo é o único e verdadeiro paradigma para o amor humano, porque é o Amor sem fronteiras, que leva o homem a amar o próximo – amigo ou inimigo – até o ponto de sacrificar a própria vida por ele, como fez Jesus. Esse é o Amor que leva o homem a transitar da *humanitude* (sua atual condição de humanidade) à *angelitude* (sua futura condição de anjo). Esses três mandamentos, portanto, podem ser resumidos, com grande proveito, em apenas um, da seguinte forma: *Amar a Deus sobre todas as coisas e o próximo com o amor do Cristo*. Mas quantos estão dispostos a pagar esse altíssimo preço *de se tornar* ***um*** com a Divindade?

Alcançar, portanto, essas duas finalidades árduas mas sagradas – *a Sabedoria cósmica e o Amor divino* – deve ser a meta suprema de todo ser humano em busca da Plenitude. Se esse for também o seu objetivo, caro leitor, só posso congratular-me com você e desejar-lhe boa sorte. Porque essa fórmula sublime, estabelecida pelas Leis Universais, é a única existente neste mundo com poder de levar o Homem a transitar *da caverna à Vida Eterna*, com o mínimo possível de percalços, em sua evolução universal pelo Infinito.

Laus Deo.

Respostas às cinco perguntas fundamentais do ser humano

• Quem sou?

Sou um Espírito imortal, nascido do Amor de Deus, herdeiro de todas as coisas que existem no Universo e que eu posso desfrutar, pois que me pertencem por direito divino.

• De onde venho?

Venho do Todo Universal, origem de tudo o que existe nos mundos visíveis e invisíveis, matéria-prima da Vida e da Consciência em todo o Universo.

• Que faço aqui?

Estou temporariamente encarnado no planeta Terra, em processo de regeneração e liberação espiritual para retorno o mais breve possível ao meu mundo de origem.

• Por que sofro?

Sofro porque ainda não aprendi a caminhar pela estrada do Amor Celestial, demorando-me voluntariamente no labirinto da matéria, onde encontro satisfações transitórias, mas não a felicidade eterna que um dia me plenificará como Ser Espiritual.

- **Para onde vou?**

Como o filho pródigo da parábola, depois de uma longa peregrinação por vários mundos do Universo, e cansado de alimentar-me apenas das alfarrobas destinadas aos porcos, estou finalmente de volta à Casa de meu Pai, no Infinito, onde está situado o meu verdadeiro Lar.

A Escada de Jacó

"Vós sois deuses e o Reino de Deus
está dentro de vós".
Jesus

As grandes religiões da Humanidade
São estrelas cadentes sobre a Terra,
Luarizando a senda de quem erra
De mundo em mundo, pela Eternidade.

Revelações que Deus, almo e bendito,
Desvela aos homens, através das Eras,
Homens-antenas, gênios entre feras,
Com os pés no chão e a mente no Infinito.

Vede o passado, de lições fecundo!
Volvei à Índia, misteriosa e bela,
Donde o Hinduísmo nasce com a chancela
De mais antiga religião do mundo!

A lei do carma é a fonte que explicita
As vidas sucessivas e os destinos.
Pulsai os Vedas (mil e tantos hinos),
Upanixades e Bhagavad-Gita...

Da politeica religião de Brahma
Migrai para o novel monoteísmo:
Ali flameja *Yahweh*, no Judaísmo,
O *Ego sum qui sum* da ardente chama.

Lede a Torá. Parti, dentre os caldeus,
Com Abraão. Com José, ide ao Egito...
No Sinai, com Moisés, a um povo aflito
As Tábuas entregai da Lei de Deus!

No Zend-Avesta há o Anjo Bom, Ormuzd,
A adversar o Mal, isto é, Ahrimã:
E é Zaratustra a Estrela da Manhã
Do Império Persa em ascensão à Luz.

Vem Lao-Tsé e a China encontra a paz,
Nas laudas imortais do Tao-teh-King.
E, após, sob Confúcio, se distingue
No "caminho do meio", alto e eficaz.

Mais uma vez a Índia se engalana
Com Buda, o Iluminado das Nações,
Vencendo o ciclo das reencarnações,
Fruindo o etéreo estágio de Nirvana.

Paira, em seguida, sobre a Palestina
A Luz do Céu que as trevas não consomem:
E o Verbo se fez carne e a carne, Homem,
Para fazer dos homens luz divina.

É o Cristianismo, em cujo amor sublime
Devine em Anjo o homem do pecado:
Jesus é a essência desse Amor sagrado
E a Bíblia é o lótus que o condensa e exprime.

Catolicismo e Igrejas Orientais
São ramificações da Ideal Igreja,
E o Xintoísmo, no Japão, viceja,
Honrando a natureza e os ancestrais.

Na Arábia, Maomé, de ilustre clã,
Concerta no Alcorão a Lei Divina.
Foge de Meca (é a Hégira) a Medina
E funda a grande religião do Islã.

No Século XVI fulgura a luz
Do livre-exame, contestando o clero:
Era a Reforma urgindo com Lutero,
Melâncton, Calvino e, antes, João Huss.

– 1857 –
A França fala ao mundo e o mundo a entende:
Com Allan Kardec o Espiritismo esplende
No *corpus* da Doutrina, que o reflete.

E o Século XX traz, nos folhos seus,
Pré-antecipações do trimilênio:
Ubaldi e *A grande síntese* de um gênio;
Zarur e a excelsa Religião de Deus.

E a evolução, fitando o devenir,
Prossegue, a cinzelar no árduo granito
Do homem da Terra o Homem do Infinito,
Mas tão distante do Anjo que há de vir.

Ah, homem, ser movido a sexo e fome!
Brinca de Deus no seu orgulho pleno...
E esse "bicho da terra tão pequeno"
Mal garatuja ainda o próprio nome!

Templos, pagodes, capelas, mesquitas,
Igrejas, mil santuários, tantas fés
Não convencem, porém (muito ao revés),
Milhões d'almas de escol, seladas criptas.

E de que mais precisa a Humanidade
Para haver paz e amor entre as nações?
Não, por certo, de novas religiões,
Mas de ciência e espiritualidade.

Porque a ciência – esse guerreiro novo –,
Jorrando luz nas mentes, passo a passo,
Vem esmagando em suas garras de aço
Velhos dogmas de bronze, ópios do povo.

Que de utopias têm embalado o mundo!
Mas à intuição dos justos Deus descerra
A antevisão de novos Céus e Terra:
O futurível do Evangelho oriundo.

E o Credo do porvir, com forte nexo,
Fará Política, Economia,
Ciência, Religião, Filosofia,
Se unificar num fraternal amplexo.

Quão diferente dos reinos de pedra
É o *Reino Eterno,* onde a Verdade medra,
Que está descendo à Terra com Jesus!

E é nesse Reino, à luz da Nova Era,
Que os nossos corações, sem mais espera,
Serão, por fim, *os Templos de Deus-Luz!*

Poema transcrito, com leves alterações, de meu livro *Momentos com Jesus,* FEB, 2000.

Endereço para correspondência:
Rua Norma Pieruccini Giannotti, 110
Barra Funda • São Paulo/SP • CEP 01137-010
www. elevacao.com.br
Fale pelo WhatsApp: (11) 3361-5321